DAMON
HILL

DAMON HILL

Alan Henry

HEEL

HEEL Verlag GmbH
Wintermühlenhof
53639 Königswinter
Tel.: (0 22 23) 92 30-0
Fax: (0 22 23) 92 30 26

Haynes Publishing
Sparkford, Nr Yeovil
Somerset BA22 7JJ
England

Übersetzung: Walther Wuttke, Bad Honnef

Druck: Lorenz Ellwanger, Bayreuth

ISBN 3-89365-529-8

Inhalt

Danksagungen

Mein besonderer Dank geht an Peter Foubister, Herausgeber von „Autosport“ und dem Chefredakteur von „Motoring News“, aus deren Magazinen ich ausgiebig zitieren durfte. Dank auch an Johnny Herbert, Martin Donnelly und Mark Blundell, die sich an gemeinsame Rennen mit Damon Hill erinnerten. Ebenfalls hilfreich waren Bette Hill, Dan Gurney, Ray Boulter, Patrick Head, Frank Williams, Peter Collins und John Wickham. Dank auch an die Fotografen von LAT Photographic, Steve Tee und Kathy Agar sowie Ann Bradshaw, Richard West und Jane Godard von Team Williams Grand Prix Racing; Peter Weale, Tim Brampton und Caroline O’Connor sowie „Motorcycle News“.

• KAPITEL EINS •

Sohn eines berühmten Vaters

Selbst alteingesessene Einwohner Budapests konnten sich nicht an einen so heißen Augusttag erinnern. Die Temperaturen erreichten die 40-Grad-Marke, als sich die 24 Formel-1-Boliden auf dem Hungaroring vor den Toren der ungarischen Hauptstadt zu ihrer Aufwärmrunde versammelten.

Doch als der Starter die Piloten auf die Reise schickte, setzten sich nur 23 Wagen in Bewegung. Ausgerechnet der Wagen mit der Startnummer 2, der dunkelblau-gelb-weiß lackierte Williams mit Alain Prost am Steuer auf der Pole Position, bewegte sich keinen Meter. Der „Professor" hatte den Motor abgewürgt. Der dreifache Weltmeister konnte erst, nachdem die Mechaniker die Maschine wieder zum Leben erweckt hatten, dem Feld hinterherjagen.

Der 39jährige Franzose, seit einem Dutzend Jahren in der Formel 1 unterwegs und der erfolgreichste Fahrer aller Zeiten, wußte, daß seine Chance auf den 52. Sieg dahin war. Wenigstens an diesem Nachmittag. Dem Reglement entsprechend mußte er nämlich aus der letzten Reihe starten.

Für den Fahrer im anderen Williams hingegen bot sich auf einmal die unverhoffte Chance auf den ersten Sieg in der Königsklasse des Motorsports. Damon Hill mußte nicht gegen die unangefochtene Nummer eins in seinem Team kämpfen, konnte, wenn er die Nerven behalten würde, seinen ersten Triumph nach Hause fahren. In der 44jährigen Geschichte der Formel 1 hätte damit zum ersten Mal der Sohn eines ehemaligen Weltmeisters einen Grand Prix gewonnen.

Genau eine Stunde, 47 Minuten und 39 Sekunden später war der Traum wahr geworden, überfuhr Damon Hill als Sieger des ungarischen Grand Prix die Ziellinie.

Er hatte mehr als eine Minute Vorsprung auf den Zweiten, den sympathischen Italiener Riccardo Patrese in seinem Benetton. Ihn hatte er am Beginn der Saison bei Williams abgelöst. Den größten Teil des Rennens hatte Damon ohne großen Druck der Konkurrenten abgespult. Der innere Druck, nur ja keinen Fehler zu machen, wog da schon wesentlich schwerer.

„Ich habe mir die ganze Zeit klar gemacht, daß das Rennen erst nach der letzten Runde vorbei ist“, sagte er etwas nachdenklich bei der Pressekonferenz nach dem Rennen. „Ich habe an meinen Vater gedacht und was er mir gesagt hätte, um die Konzentration zu behalten. Und wer meinen Vater gekannt hat, der weiß, daß allein die Vorstellung, er würde mit mir sprechen, ausreicht, um sich weiter zu konzentrieren.“ Viele altgediente Journalisten konnten sich bei diesen Worten ein leichtes Grinsen nicht verkneifen.

Vermutlich wäre Damons „Old Man“ vor Stolz geplatzt, hätte er den Triumph seines Sohnes miterleben können.

Alleine das Helm-Design hatte für die Senioren unter den Beobachtern eine ganz besondere Qualität. Wenn Damon tatsächlich jemals aus dem Schatten seines berühmten Vaters treten wollte, so war es in der Tat verwunderlich, warum er ausgerechnet bereits bei seinen ersten Versuchen im Motorsport auf das unverwechselbare Erkennungszeichen seines Vaters zurückgriff – und damit in dessen Schatten blieb.

Daran konnten auch sein Hattrick in seiner ersten kompletten Formel-1-Saison nichts ändern. Auch die Tatsache, daß er für die Motorsportfans in Großbritannien die von Nigel Mansell gerissene Lücke schloß, änderte nichts. Und auch, daß er im ersten Jahr seiner Karriere bereits so bekannt war wie sein „Alter Herr“ vermochte die Erinnerung, die der Helm aus-

Damon Hill bei der Pressekonferenz nach seinem ersten Grand-Prix-Sieg 1993 in Ungarn. Riccardo Patrese (rechts) belegte den zweiten Platz vor Gerhard Berger.

strahlte, nicht verwischen. Damon Hill war gewissermaßen eine Geisel der Erinnerung an seinen vor vielen Jahren verstorbenen Vater. Schon bei seinem ersten Auftritt auf der Motorsportbühne trug der Sohn den Helm mit dem Erkennungszeichen des London Rowing (Ruder) Club, dem der Vater in den frühen fünfziger Jahren beigetreten war.

Der am 15. Februar 1929 in Hampstead geborene Graham Hill ließ von seiner Herkunft her eigentlich keine besonderen Großtaten erwarten. Doch der Londoner mit dem charakteristischen Schnauzbart, der erst als 24jähriger zum ersten Mal hinter dem Lenkrad eines Rennautos gesessen hatte, holte schnell auf, wurde einer von Großbritanniens erfolgreichsten Rennfahrern und fuhr sich in die Herzen der britischen Öffentlichkeit. Er war so etwas wie ein Nationalheld.

Graham Hill war der Gladiator, dem nicht nur Ehrfurcht entgegengebracht wurde, weil er in seinem Sport so erfolgreich war, sondern weil er außerdem ein makelloses Leben – wenigstens für die Augen der Öffentlichkeit – führte.

Er wurde zweimal Weltmeister, siegte bei 14 Grand Prix, in Le Mans und bei den 500 Meilen von Indianapolis, bevor er sich in der Mitte der Saison 1975 nach 176 Grand-Prix-Rennen (damals ein Rekord) verabschiedete.

Als Graham Hill an einem nebeligen Sonntag im November des gleichen Jahres bei einem Flugzeugabsturz ums Leben kam, blieb das Herz der Nation für einen kurzen Moment stehen. Er war eben nicht einer jener überbezahlten und die Öffentlichkeit meidenden Stars. Er war vielmehr ein extrovertierter Mensch, der überall zu Hause war und einen natürlichen Charme besaß, der ihn in den sechziger Jahren zu einer der ersten echten Media-Persönlichkeiten wachsen ließ. Graham Hill konnte schnell und geistreich reagieren und wurde daher auch von Zeitgenossen verehrt, die eigentlich dem Motorsport kein sonderliches Interesse entgegenbrachten.

Sein Äußeres spielte natürlich auch eine wichtige Rolle. Seine Frisur und sein Schnauzbart machten ihn zum typischen Engländer, der sich überall für sein Land den fremden Horden entgegenstellte. Oder so ähnlich.

Grahams erster Kontakt mit einem Rennwagen fand 1953 in Brands Hatch statt, wo er ein Pfund für vier Runden mit einem schwächlichen Formel-3-Wagen bezahlt hatte. Er fand Gefallen daran, doch eine Sache stand gegen den Tausch einer Karriere bei Smith's Industry und dem Einstieg in die Welt des Motorsports. Er hatte kein Geld.

Dennoch, irgendwie schaffte er es, einen Job als Mechaniker bei Colin Chapmans Team Lotus zu bekommen, was ihm 1958 seinen ersten Grand-Prix-Start in Monaco eintragen sollte.

Doch der richtige Erfolg kam 1960 mit dem Wechsel zu BRM. Als er beim britischen Grand Prix in Silverstone, bedrängt von Jack Brabham in seinem Cooper von der Strecke flog, erwartete seine Frau Bette gerade ihr zweites Kind.

Am 17. September brachte sie den einzigen Sohn zur Welt. Graham war bei der Geburt nicht anwesend. Er startete zusammen mit Joakim Bonnier und Dan Gurney bei einem Rennen in Snetterton.

In seiner Autobiographie erinnerte er sich später: „Bette rief mich um halb neun am Morgen des Rennens an und sagte mir, daß ich der Vater eines Sohnes geworden war. Natürlich war ich überglücklich. Sie erzählt mir immer wieder, ich hätte ge-

Der sechsjährige Damon Hill mit seinem Vater Graham 1967 in den Boxen von Monza. Mit seinem Lotus 49 fiel Graham Hill in Führung liegend aus.

fragt, ob das alles gewesen sei, doch ich glaube nicht, daß ich so gemein war. Am Tag nach dem Rennen fuhr ich sofort ins Krankenhaus und besuchte die beiden."

Ein paar Wochen später wurde der Kleine auf den Namen Damon Graham Devereux in der Kirche St. Paul's in Mill Hill neben dem Haus der Familie getauft. Kurz darauf reiste Graham nach Portugal zum dortigen Grand Prix.

Während Damons Kindheit war Vater Graham eigentlich ständig unterwegs. In jenen Tagen waren die Top-Rennfahrer nicht ausschließlich auf die Formel-1-WM fixiert, sie fuhren auch Sportwagen- oder Formel-1-Rennen, die nicht zur WM zählten. Außerdem fuhr Graham Hill auch noch in Indianapolis, wo er die 500 Meilen gleich beim ersten Versuch 1966 gewinnen sollte.

Im Jahre 1962 wurde er mit BRM Weltmeister und stand in der internationalen Hackordnung nur hinter Jim Clark. Im Prinzip war Graham Hill ein warmherziger und großzügiger Vater, der freilich in dem traditionellen Denken verhaftet war, nachdem der Mann für den materiellen Unterhalt zu sorgen und die Frau den Haushalt zu organisieren hatte.

Seine Kritiker bezeichneten ihn als selbstsüchtigen Charakter. Sicherlich brauchte der aus einfachen Verhältnissen nach oben gekommene Graham Hill eine gewisse Härte und konnte launisch, mürrisch und regelrecht verletzend sein, wenn seine Stimmung danach war. Selbst enge Freunde waren vor diesen Ausbrüchen nicht sicher, die leider mitunter auch vor Publikum stattfanden. Doch vor seinen Fans behielt er die Maske des Gentleman auf.

Damon und seine beiden Schwestern Brigitte und Samantha haben an diese Zeit überwiegend positive Erinnerungen. Brigitte Hill erzählt immer wieder von der warmen Atmosphäre, die im Hause der Familie in Mill Hill herrschte.

„Für uns waren die sechziger Jahre, als mein Vater den Höhepunkt seiner Karriere erreicht hatte, eine einzige Party. Meine Eltern waren ständig unterwegs, und die Schmalfilme meiner Großmutter bestehen zum großen Teil aus Begrüßungs- und Abschiedsszenen. Dazwischen gab es Schule, Klavierstunden, unseren Hund Honey und unsere Freunde. Wir fanden das eine ganz normale Kindheit, und das war es ja in großen Zügen."

Nachdem er 1962 Weltmeister geworden war, schienen BRM und Hill eine untrennbare Einheit geworden zu sein. Graham Hill gelang mit seinen Siegen zwischen 1963 und 1965 ein Hattrick in Monaco. 1964 wäre er Weltmeister geworden, wenn ihn nicht der Ferrari-Pilot Lorenzo Bandini beim letzten Rennen in Mexiko von der Piste gedrängt hätte.

Im Jahre 1965 wurde der damals aufstrebende Jackie Stewart sein Partner bei BRM. Vielleicht fühlte er sich von dem Schotten etwas stark gefordert, auf jeden Fall war 1967 die Sensation perfekt, als er zu Lotus und seinem alten Rivalen Jim Clark zurückkehrte. Ford hatte die Entwicklung eines brandneuen Cosworth-V8 finanziert und der sollte den sensationellen Lotus 49 antreiben. Es machte einfach Sinn, diesen Wagen mit den besten Piloten zu besetzen.

Doch als sich die Saison 1968 entwickelte, fand sich Graham Hill in einer Nebenrolle wieder. Jim Clark erzielte gleich beim ersten Rennen in Südafrika seinen 25. Sieg. Drei Monate später lastete auf einmal die Führung des Teams allein auf Grahams Schultern. Jim Clark war bei einem unbedeutenden Formel-2-Rennen auf dem Hockenheimring ums Leben gekommen.

Graham Hill sollte sich in der Zeit danach als emotionale Stütze im Team Lotus erweisen. Colin Chapman dachte damals kurze Zeit daran, aus dem Motorsport auszusteigen. Doch Hill, immerhin kurz vor seinem 40. Geburtstag, brachte Ruhe in die Truppe und gewann die Weltmeisterschaft.

Im folgenden Frühjahr holte er seinen fünften Sieg in Monte Carlo – ein Rekord, den erst Ayrton Senna 25 Jahre später brechen sollte. Bei jenem historischen Rennen belegte Damon übrigens den zweiten Platz. Es sollte Graham Hills letzter Sieg sein.

Am Ende der Saison erlitt er bei einem Unfall beim US-Grand Prix in Watkins Glen schwerste Fußverletzungen. Er wollte freilich noch nicht abgeschrieben werden und es allen noch einmal in der Saison 1970 zeigen. Doch Colin Chapman in seiner eiskalten Art und Weise schob ihn in das private Team von Rob Walker ab.

Graham Hills Zeit als gefürchtete Kraft in der Formel 1 war endgültig vorbei. Nach einer enttäuschenden Saison bei Walker Lotus wechselte er 1971 zu Brabham. Die nicht zur WM zählende Silverstone International Trophy konnte er in diesem Jahr noch gewinnen. 1973 verhalf ihm die Zigarettenfirma Embassy zur Gründung seines eigenen Teams.

In seinem Shadow DN1 freilich war er nur noch ein Schatten seiner selbst. 1974 fuhr er mit einem Lola-Chassis und zwei Jahre später schließlich versuchte er sich als Konstrukteur. Nachdem er sich ausgerechnet in seinem geliebten Monaco nicht für das Rennen qualifizieren konnte, zog er sich endlich vom aktiven Sport zurück.

Doch ganz Abschied nehmen wollte er nicht. Er kümmerte sich intensiv um die Karriere von Tony Brise, einem der talentiertesten englischen Piloten. Seine Pläne sahen vor, 1976 einen Wagen mit dem Neuling zu besetzen. Doch leider wurden diese Pläne nie verwirklicht.

Am 29. November 1975 startete Graham Hill mit seinem Flugzeug vom Flughafen neben dem Rennkurs Paul Ricard in Südfrankreich. Das Wetter war strahlend, doch in England erwar-

Weltmeister Graham Hill mit seinem BRM 1963 beim britischen Grand Prix, den er als Dritter beendete.

tete ihn dichter Nebel. In Südfrankreich hatten sie den Boliden Hill GH2 F1 getestet. Mit an Bord der Piper Aztec, die er 1965 vom Indy-Gewinn gekauft hatte, waren Brise, Designer Andy Smallman, Teammanager Ray Brimble und die beiden Mechaniker Tony Alcock und Terry Richards.

Graham hatte sich in den Kopf gesetzt, in Elstree, seiner Heimatbasis, zu landen. Luton, das wesentlich besser für die widrigen Witterungsverhältnisse ausgerüstet war, lehnte er ab. Fünf Minuten von Elstree entfernt, bohrte sich die Aztec in einen Golfplatz. Mit den sechs Insassen starb auch ein wichtiger Teil der britischen Motorsportgeschichte.

Doch bei aller Trauer hatte das Schicksal noch einen weiteren Schlag für die Familie bereit. Die Versicherung zahlte nicht, weil Graham Hill versäumt hatte, seinen Flugschein zu erneuern, und so mußte die Familie das Erbe ausschlagen.

Bette und die Kinder fanden sich von einem Tag auf den anderen statt in dem großzügigen Heim in Lyndhurst mit seinem 25 Zimmern auf dem Land in Hertfordshire in einem kleinen Reihenhaus in St. Albans wieder. Es war ein furchtbarer Schlag, doch sie beklagten sich nicht. Was hätte es auch geändert?

Bis heute hat Damon Hill eine gewisse philosophische Ader, wenn er sich mit Schicksalsschlägen auseinandersetzen muß. Er und seine Frau Georgie haben die Herausforderung angenommen, ihr mongoloides Kind zu Hause zu erziehen und nicht etwa in ein Heim zu geben. Dank dieser Probleme ist er wahrscheinlich der gereifte Typ geworden, den wir heute kennen.

„Ich will nicht auf jede Einzelheit eingehen, aber ich glaube schon, daß ich etwas mehr Lebenserfahrung habe als meine Zeitgenossen. In den ersten 15 Jahren meines Lebens war ich äußerst privilegiert. Doch jetzt muß ich das machen, was mein Dad gemacht hat. Er begann mit nichts, und ich mache es ihm nach.“

Damon versucht erst gar nicht, den Grund für den Tod seines Vaters zu erklären.

„Warum kommt ein Mann, der einen der gefährlichsten Berufe ausgeübt hat, nach seinem Rücktritt bei einem Flugzeugabsturz ums Leben?“, fragt er sich.

Doppelnull: Damon war nicht der erste Hill, der eine Null als Nummer auf seinem Rennwagen hatte. Sein Vater fuhr zusammen mit Richie Ginther in einem Rover-BRM mit Gasturbine beim 24-Stunden-Rennen in Le Mans.

„Du suchst lange nach einem Grund. Doch dann stellst du fest, daß es keinen gibt. Und wenn du dann noch versuchst, das Ganze zu hinterfragen, wirst du verrückt. Man schuldet dir eben nichts im Leben.

Mein Vater hatte einen ganz bestimmten Glauben. Er beklagte sich nicht, nahm die Dinge wie sie kamen. Wie ein Mann. Und das hat er irgendwie an mich weitergegeben. Nicht bewußt, aber durch sein Vorbild.“

Es ist vermutlich auf Bette Hills Lebenskunst zurückzuführen, daß Damon, Brigitte und Samantha zu „normalen“ Erwachsenen heranwuchsen. Der Verlust des Vaters oder der Mutter kann in jedem Alter traumatische Folgen haben, doch wenn das in jungen Jahren geschieht, kann es einer Katastrophe gleichkommen. Damon hatte gerade eine beide befruchtende Beziehung zu seinem Vater aufgebaut, als sich der Unfall ereignete.

Damons Erinnerungen an seinen Vater sind alleine schon wegen dessen häufiger Abwesenheit nicht sehr intensiv. In einem Interview mit der „Times“ erzählte er einmal: „Er starb,

Genießer unter sich. Graham Hill und der Schauspieler Bruce Forsythe 1974 in Brands Hatch.

Embassy
RACING

Graham Hill (dritter von rechts) bei einer Ford-Werbeveranstaltung 1973 im Kreise von britischen Spitzensportlern.

als ich 14 Jahre alt war. Es wäre schön, wenn mir Leute mehr über ihn erzählen könnten, weil ich mich kaum daran erinnere, wie er war.

Ich begann gerade, ihn kennenzulernen. Er war ja so viel unterwegs. Ich habe nie den Partyschreck Graham Hill erlebt, weil er sich zu Hause offensichtlich immer zusammenriß.

Er war erst Offizier in der Royal Navy und wurde danach Mitglied im London Rowing Club. Es gibt Bilder von ihm bei der Henley Regatta mit Blazer und einem noch beeindruckenderen Schnauzbart. Er war eine Kreuzung zwischen David Niven und Terry Thomas, und ich bin mir sicher, daß er sich auch so gegeben hat. Falls irgend jemand noch eine Aufnahme von einer seiner Dinner-Reden hat, würde ich sie gerne haben.

Mit meinen Kindern ist es jetzt nicht viel anders. Wenn ich nach Hause komme und sie im Bett liegen, sage ich ihnen noch gute Nacht, genauso wie er es mit uns gemacht hat. Es war einfach schön. Wenn ich meine Kinder sehe, erinnere ich mich an die Sachen, die ich an meinem Vater geliebt habe, mit ihm herumzutoben zum Beispiel.“

Später fügte er hinzu: „Er war viel unterwegs, aber wenn er daheim war, war er gerne bei seiner Familie, obwohl man immer das Gefühl hatte, daß er doch nicht völlig da war.

Georgie ermahnt mich immer, wenn ich zu Hause bin, auch den Kindern zuzuhören. Wegen der Erfahrungen mit meinem Vater bin ich in dieser Beziehung sehr bewußt. Er war zwar da, aber nicht immer hundertprozentig.

Er hatte einfach den Kopf voll mit seinen Wagen und Geschäften. Vielleicht kann man wirklich nicht an die Spitze kommen, wenn man sich nicht voll dafür einsetzt. Dieser Gefahr bin ich mir bewußt und ich gebe mir Mühe, mich ganz um die Kinder zu kümmern, wenn ich zu Hause bin."

In Damons Erinnerung hatte Graham Hill damit begonnen, seinen Sohn als kleinen Erwachsenen zu behandeln. Er war offensichtlich an dessen Meinung interessiert.

„Als er ums Leben kam, begann ich mich gerade für das Team zu interessieren. Wer weiß, vielleicht wäre aus Hill das geworden, was heute Williams ist." Damon und Graham begannen auf jeden Fall, viel gemeinsam zu unternehmen – vor allem, mit Motorrädern auf dem Familienbesitz herumzurasen.

In der Saison 1973 versuchte Graham Hill vergebens, mit seinem Shadow-Ford an erfolgreiche Zeiten anzuknüpfen.

RICOH
RACING
SERVICE
RICOH
DAMON HIL
RACING
73

Links: *Damon Hill mit seiner Mutter Bette in Brands Hatch.*

Es ist nicht immer leicht, gemeinsame Betätigungsfelder für Vater und Sohn zu finden. Wenn man es schafft, kann es äußerst lohnenswert sein. Keke Rosberg, der Weltmeister von 1982, über seinen Vater: „Während meiner ersten Gehversuche im Kartgeschäft hat er mich nach Kräften unterstützt und mich immer begleitet. Das hat unsere Beziehung ganz entscheidend gestärkt und die ansonsten möglichen Spannungen gar nicht erst entstehen lassen. Dank seiner Hilfe hatte ich während meiner Teenagerzeit keine Probleme."

Damon hatte diese Möglichkeiten nicht. Allerdings war er wegen der unmittelbaren Nähe auch nicht sonderlich am Motorsport interessiert. Sein Vater, so dachte er wie vermutlich die meisten Kinder, hatte wie alle anderen Väter auf dieser Welt einen Job. Und in seinem Fall war es eben, Rennen zu fahren. Ist doch logisch.

Selbst die fünf Siege in Monaco beeindruckten den Sohn nicht merklich. Er erinnert sich an den Nachmittag, als sein Vater zum fünften und letzten Mal an der Côte d'Azur siegte.

„Wir waren im Landhaus bei einem Freund der Familie und ich spielte mit seinem Sohn Nick im Garten, als meine Mutter kam und mich rief, um Dads Sieg in Monaco zu sehen. Ich dachte nur 'warum kann ich nicht draußen bleiben und weiter spielen?'

Ich war acht Jahre alt und erinnere mich daran, wie Dad um die Gasometerkurve in seinem Lotus fuhr und das Rennen beendete. Fand ich nicht beeindruckend."

Eines Tages fragte er seine Mutter: „Sag mal, wen kann ich um ein Autogramm bitten?" Das von seinem Vater fand er ziemlich banal. Selbst in der Schule erzählte er seinen Kameraden, vermutlich zu deren großer Enttäuschung, nichts von der weiten Welt des Motorsports.

„Ich war nie mit meinem Vater in Monaco. Ich dachte einfach, daß es sein Job war, da zu gewinnen. Davon lebten wir schließlich. Wir waren freilich regelmäßig beim italienischen Grand Prix in Monza. Den verbanden wir mit unseren Ferien."

Nach Grahams Tod bestand Bette Hill auf einer soliden Ausbildung für ihren Sohn Damon. Der brach aber seine Handelsschule ab, um sich dem Motorsport zu widmen, allerdings zunächst auf zwei Rädern. Um Geld zu verdienen, arbeitete er als Bote.

Er war außerdem noch Mitglied einer Punkband mit dem tollen Namen „Sex Hitler and the Hormones“, was nicht gerade für den sauberen zukünftigen Grand-Prix-Piloten spricht, aber wessen Jugend ist frei von Fehltritten?

Zwei Jahre nach Graham Hills Tod schrieb seine Witwe ihre Memoiren. Darin beschreibt sie auch ihren Sohn:

> „Nachdem wir St. Albans verlassen hatten, wollte er eines abends mit seinem Moped irgendwo hinfahren. Er hatte schon den Helm an, als ich ihn fragte, wohin er gehe. ‘Ich fahre weg’, sagte er und blickte mir in die Augen. Ich war atemlos. Da war der junge Graham, sein Gesicht und alles, wie bei Graham.
> Der Helm war der Rahmen, aber das Gesicht war Graham und auch die Antwort, die er mir gab, waren genau Grahams Worte.“

• KAPITEL ZWEI •

Auf zwei und vier Rädern

Ende Juni 1993 bereitete sich Damon Hill in Silverstone auf den britischen Grand Prix vor. Wie schnell sich doch die Zeiten ändern können. Noch ein Jahr zuvor hatte er an gleicher Stelle sein Debüt in der Formel 1 „gefeiert". Er brachte einen schwächlichen Brabham auf den letzten Startplatz, wo er auch das Ende (als 16. Und viermal vom Sieger Nigel Mansell überrundet) des Rennen erlebte. Mansell fuhr damals den Williams FW 14B, den Hill von unzähligen Testkilometern her kannte.

Jetzt testete er also den FW 15C, mit dem er in dem Rennen starten sollte, das sein Vater in 16 Anläufen nicht gewinnen konnte. Irgendwie hoffte er, jetzt die Familienehre herzustellen.

„Mit Silverstone verbinden sich viele Erinnerungen. Wir kamen immer mit dem Flugzeug hierhin, und damals bedeutete ein eigenes Flugzeug schon etwas. Doch für uns war das normal", erinnerte sich Damon an vergangene und glückliche Zeiten.

Es ist schon fast eine Ironie der Geschichte, daß Damon Hill ausgerechnet in Silverstone um ein Haar vom Rennfahren, wenigstens mit Monoposti, abgekommen wäre. Beim Rennen um die International Trophy 1971, das als Vorbereitung für die europäische Formel-1-Saison diente, machte er Bekanntschaft mit einem Moped.

Dieses Erlebnis lenkte ihn so ab, daß der Sieg seines Vaters mit dem Brabham BT34 fast zur Nebensache geriet. Natürlich war der Junge stolz auf seinen Vater, doch er, der bereits als Vierjähriger zum ersten Mal ein Auto fahren durfte, und später in einem betagten Austin A40 über den Besitz der Familie jagte, hatte in der Boxengasse ein Moped mit 50 ccm entdeckt.

Damon war fasziniert von dem kleinen Vehikel, und Motorräder hatten von diesem Moment einen Logenplatz in seinem Kopf. „Der Bursche, dem das Ding gehörte, ließ mich eine Runde damit drehen, und ich dachte nur, ‘das ist phantastisch, das muß ich haben.’“

Ziemlich schüchtern fragte er seinen Vater, was er davon hielte, und der schenkte es ihm tatsächlich zur nächsten Versetzung. „Ich war völlig fertig. Für mich war es das Beste, was mir im Leben passieren konnte. Ich habe es noch immer. Von diesem Moment an gab es nur noch Motorräder. Jedes Magazin, das ich kriegen konnte, wurde sofort gekauft.

Irgendwie habe ich Dad mitgerissen, denn er kaufte sich eine 350-ccm-Crossmaschine von Bultaco, und zusammen machten wir auf unserem Besitz in Shenley die Gegend unsicher.

Seine Maschine war natürlich wesentlich stärker als mein kleines Moped, und zu meiner großen Überraschung überließ er es mir hin und wieder. Er ermahnte mich immer wieder, einen Helm zu tragen und vorsichtig zu fahren. Danach konnte ich mit dem Moped nichts mehr anfangen. Das war der Moment, an dem ich Leistung und Geschwindigkeit entdeckte.“

Nach dem Tod seines Vaters, so erinnerte sich Damon später, nahm ihn Peter Gethin, ein Konkurrent seines Dads, mit nach Brands Hatch zu den Motorradrennen um die Trans-Atlantic Trophy.

„Nachdem ich jahrelang alle möglichen Autorennen gesehen hatte, die mich nicht besonders reizten, war ich von den Motorradfahrern wirklich begeistert.“

Rechts: *Damon Hill nach einem seiner zahlreichen Siege als Motorradfahrer.*

HILL

Großes Bild: *Damon bei einem Motorradrennen in Brands Hatch. Schon damals hatte er das Helmdesign seines Vaters übernommen.*

Kleines Bild: *Zusammen mit Ioni Holmes in Brands Hatch.*

MU-CRON
CATARRH TABLETS

Damon begann seine Motorradkarriere 1981 auf einer Kawasaki. Er arbeitet bei einem Freund, der eine Baufirma hatte, und mußte auf dem Weg dahin ganz London durchqueren. Alles Geld, das er dort verdiente, ging in seine Rennleidenschaft.

„Meistens war ich mit der Vorbereitung des Motorrads gegen neun Uhr abends fertig und fuhr dann zum Rennen. Um ein Uhr kam ich an, baute mein Zelt auf, stieg allein schon wegen der Kälte um sieben Uhr wieder auf und versuchte dann, mich zu qualifizieren. Meistens war ich so kaputt, das ich fast von der Maschine fiel."

Ende 1983 organisierte John Webb einen Formel-Ford-Rennwagen (Argo JM16) für ihn. Das Rennen in Brands Hatch erlebten alle Beteiligten mit gemischten Gefühlen.

Der Besitzer eines Formel-3-Rennstalls meinte damals: „Der Junge tut mir leid. Er hatte keine Ahnung, was er tun sollte."

Damon widerspricht dem nicht. „Der Wechsel auf vier Räder war ein wahnsinniger Schock. Plötzlich hatte ich alle Hände voll zu tun, das Vehikel auf der Strecke zu halten. Es war nicht mehr damit getan, nachzusehen, ob die Kette saß und die Reifen in Ordnung waren."

Ein bißchen entmutigt zog er sich wieder in die Motorradszene zurück und brachte es 1984 mit seiner Yamaha TZ 350 auf mehr als 40 Siege. Mit einer LC350 trat er in der nationalen Pro-Am-Serie gegen Fahrer wie Neil Mackenzie und den inzwischen verstorbenen Kenny Irons an.

„Er war nicht gerade ein langsamer Fahrer, doch er hatte gewiß keine großartige Zukunft vor sich", erinnert sich Rob McDonnell von „Motorcycle News". Damals hatte Damon Hill allerdings noch immer ein sehr begrenztes Budget und war mit dem, was er erreicht hatte, eigentlich zufrieden.

Doch dann kamen wieder vier Räder ins Spiel. Im Jahre 1983 besuchte er die Winfield-Rennfahrerschule auf dem alten Kurs in Magny-Cours, wo er überdurchschnittliche Fähigkeiten erkennen ließ. Hinter dem Wechsel stand seine Mutter Bette. „Er war sehr gut auf dem Motorrad, doch das war mir zu unsicher, und ich hatte Angst um ihn. Ein Wagen erschien mir sicherer."

Rechts: *Mit der Yamaha in Brands Hatch.*

agv
NGK
SPARK PLUGS

Großes Bild: *Auf vier Rädern 1984 in Brands Hatch mit einem Van Diemen.*

Kleines Bild: *In der Mitte der ersten Reihe mit einem Van Diemen in der Formel Ford 1600.*

Oils
YARDLEY GOLD
YARDLEY GOLD
FERODO
oup
eighting
Lep
BATEMANS
64
RICOH
RICOH
COPIERS
37
37
Ford

Ende 1984 stieg er endgültig um und gewann im August sein erstes Rennen in der Formel Ford in Brands Hatch. 1985 sollte seine erste volle Saison im Monoposto werden.

Als Sponsor stand Ricoh, der japanische Produzent von Büromaschinen, hinter dem jungen Talent, das nun für das Manadient Racing Team an den Start ging.

Mit seinem Van Diemen RF85 trat er gegen die anderen Mitbewerber an, die sich alle für zukünftige Formel-1-Stars hielten. Zu seinen Rivalen, die es tatsächlich in die erste Liga des Motorsports schafften, zählten Mark Blundell, Johnny Herbert und Bertrand Gachot. Dann gab es auch die Talente, die nicht so viel Glück hatten und in den unteren Ligen steckenbleiben.

Damon war schnell und ohne Frage auch mutig. Am Ende der Saison standen sechs Siege auf seinem Konto und ein dritter Platz in der Gesamtwertung der Esso FF1600 und ein fünfter Platz in den Townsend Thorensen Championships.

Zu den weniger angenehmen Erinnerungen gehört ein Unfall in Oulton Park, der ihm eine Gehirnerschütterung und ei-

Ein Motor scheint Sorgen zu bereiten . . .

nen Aufenthalt im Krankenhaus einbrachte. Am Ende schaffte er noch ein gutes Ergebnis beim Formel-Ford-Festival in Brands Hatch, wo die Piloten als Solisten und gleichzeitig als Mitglieder einer Nationalmannschaft auftreten.

Damon gewann seine beiden Einzelrennen und das Halbfinale. Im Finale schließlich belegte er einen dritten Platz, was aber zusammen mit den Leistungen von Bancroft und Blundell reichte, um die Nationenwertung zu gewinnen.

Wichtiger waren aber im Sommer 1985 die ersten Testrunden mit einem Formel-3-Wagen des Teams Eddie Jordan in Donington Park. Er drehte mit dem Ralt-Toyota einige schnelle Runden und deutete die Richtung an, die er einschlagen wollte. Seine beste Zeit war gerade eine halbe Sekunde langsamer als die des Formel-3-Veteranen Mauricio Gugelmin.

Seit drei Jahrzehnten hat sich die britische Formel-3-Meisterschaft als beste Schule für spätere Grand-Prix-Piloten erwiesen. In der Formel Ford machen die Anfänger ihre ersten Gehversuche, doch in der Formel 3 wird es dann ernster. Hier muß er die profilierten Reifen gegen Slicks eintauschen, muß lernen, Heckflügel und Frontspoiler optimal einzustellen, um die aerodynamischen Einflüsse auf seinen Wagen zu steuern.

Der vermutlich bekannteste Absolvent der britischen Formel-3-Schule war Ayrton Senna, mit dem Damon 1994 ein Team bilden sollte. Senna hatte den Titel 1983 in einem Wagen des Teams West Surrey Racing gewonnen, und genau hier unter der Führung des erfahrenen Dick Bennetts wollte auch Damon Hill 1986 in die höhere Formel einsteigen.

Ricoh sollte eigentlich auch das Formel-3-Team unterstützen, das von Hill und dem kanadischen Talent Bertrand Fabi gebildet werden sollte. Doch dann zogen sich die Japaner zurück, und auch Hills nächster möglicher Partner stieg aus. Das Geld aus dem Förderprogramm „Racing for Britain“ wies er etwas voreilig zurück.

„Ricoh zog sich kurz vor Weihnachten zurück, und ich verbrachte das gesamte Weihnachtsfest neben meinem Telefon. Ich versuchte überall, auch an den obskursten Stellen, an Geld zu kommen. Ich war verzweifelt. Doch geschäftliche Verbindungen brauchen ihre Zeit, und die Entscheidung, das Geld

Großes Bild: *Im Van Diemen als Erster durch die Boxenkurve von Brands Hatch.*

Kleines Bild: *Ein erstes Interview nach dem Zieleinlauf.*

RICOH
37

von 'Racing for Britain' abzulehnen, war vermutlich der größte Fehler", erinnerte sich Damon Hill später.

„Ich wollte einfach nur Rennen fahren. Ich las damals gerade eins von Niki Laudas Büchern und da war mir klar, daß ich, wenn ich es wirklich wollte, auch bereit sein mußte, etwas zu riskieren. Ich borgte mir also eine ziemlich große Summe und war mir sicher, daß ich diesen Kredit zurückzahlen würde.

Geld hat für mich noch immer einen bestimmten Wert. Ich machte also diesen Handel mit Dick, und alles war klar. Wir hatten Zeit gekauft, irgendwann den Kredit zurückzuzahlen."

Die feinen Pläne wurden dann durch einen besonders tragischen Unfall durchkreuzt. Bei einem Trainingsunfall kam Bertrand Fabi ums Leben, Bennetts verließ daraufhin die Formel 3 und engagierte sich statt dessen in der Formel 3000. Hill mußte sich also einen neuen Monoposto suchen.

„Nach Berts Tod hätte ich die ganze Sache auch aufgeben können. So ging es Dick. Wir fragten uns alle, was für einen Sinn Motorsport machte. Das war die dunkle Seite, die ich schon einmal erlebt hatte.

Ich erinnere mich, wie Dad nach Jim Clarks Tod nach Hause kam und die Nachrichten vom Unfall sah. Ich begriff das alles noch nicht. Ich war gerade acht Jahre alt. Nachdem Bert ums Leben gekommen war, habe ich beschlossen, weiterzumachen. Nicht alleine wegen des Wettbewerbs, sondern weil es mich begeisterte. Ich habe mehr Angst davor, sechzig Jahre alt zu werden und festzustellen, daß ich eigentlich nichts erlebt hatte. Ich nahm mir vor, die Sache mit ganzem Herzen und nicht mit halber Kraft anzugehen."

Mit geborgten Geld stieg er bei dem Team des Neuseeländers Murray Taylor in Silverstone in die Formel-3-Szene ein.

• KAPITEL DREI •

Auf der Karriereleiter

Bei Damon Hills Einstieg in die Formel 3 gab es viele Spekulationen über die Herkunft des Geldes. Damals hielten sich Gerüchte, der langjährige Freund der Familie und Patenonkel von Damons Schwester Samantha, John Coombs, ein ehemals erfolgreicher Jaguar-Händler, für den Vater Graham in den frühen sechziger Jahren Rennen gefahren war, hätte Damon Hill unter die Arme gegriffen. Coombs, der heute in Monaco lebt, gibt darüber keinerlei Kommentar ab.

Taylor hatte sich seit seinem Einstieg in die Rennszene 1980 den Ruf erworben, zuverlässige und gut vorbereitete Wagen an den Start zu bringen. Er stand in der Hackordnung hinter West Surrey und Eddie Jordan an dritter Stelle. Er war auf alle Fälle eine gute Adresse für Damons erste Versuche.

Neben Damon ging der Neuseeländer Paul Radisich an den Start, der später als Tourenwagen-Pilot für Ford Karriere machen sollte. Damals hatten beide aber nur das Ziel, irgendwann einmal in der Formel 1 zu landen.

Im zweiten Rennen erreichte Damon zum ersten Mal das Ziel. Mit seinem MTR Ralt RT30/86 wurde er in Brands Hatch Zehnter. Sieger wurde der in jenen Tagen hoch gehandelte Brite Andy Wallace.

COMPUTER

Wieder eine Stufe auf der Karriereleiter nach oben. 1986 im Formel-3-Ralt auf dem Grand-Prix-Kurs von Brands Hatch.

Die damaligen Top-Piloten in der Formel 3 waren Wallace, der Nordire Martin Donnelly und der Brasilianer Maurizio Sala. Bei der Verfolgung von Sala erreichte Hill im 13. Rennen sein bestes Ergebnis. Nach 25 Runden lag er in Snetterton weniger als drei Sekunden hinter dem Brasilianer auf dem zweiten Platz.

In Oulton Park belegte er den vierten, in Donington und Zandvoort jeweils den fünften und in Brands Hatch den sechsten Platz. Am Ende der Saison war in der Gesamtwertung zusammen mit Keith Fine Neunter. Von David Hunt, dem jüngeren Bruder des ehemaligen Weltmeisters James, trennte ihn ein Punkt. Als Meister ließ sich Andy Wallace feiern.

Hill hatte mit seinen Leistungen seine Konkurrenten nicht gerade in den Schatten gestellt. Er hatte sein Talent aufblitzen lassen, als er in Oulton Park und Zandvoort das Feld anführte, doch am Ende der Saison hatte er Schwierigkeiten, und der große Durchbruch fand nicht statt.

Dafür hatte er aber einiges über den Rennwagen gelernt: „Mein Mechaniker Kevin Corin zeigte mir, was ich wie lernen sollte, und Murray half mir, mein Selbstbewußtsein aufrecht zu halten.

Man kontrolliert den Wagen mit drei Dingen: Leistung, Bremsen und Lenken. In der Formel 3 gibt es keine Leistung, die Bremsen sind so gut, daß man erst kurz vor der Kurve bremsen muß, und wenn der Wagen stark untersteuert, ist man weg. So sehe ich das wenigstens.

Also will man ein neutrales Fahrverhalten erreichen. Nur bei Nässe kann man das Problem umfahren. Beim Cellnet Grand Prix 1986 hatte ich meine Frontflügel verbogen, was zu massivem Untersteuern führte. Doch dadurch konnte sich der Wagen nicht von der Straße drehen. Das klappt aber nicht, wenn es trocken ist."

Für die Saison 1987 wechselte Damon Hill zum Team Intersport, das von Glenn Waters geführt wurde, der 1978 als Mechaniker für Mario Andretti bei Lotus arbeitete, als der Amerikaner Weltmeister wurde. Hills Fortschritte waren sichtbar. Zur Hälfte der Saison stieß Martin Donnelly zum Team.

Die Saison gehörte jedoch Johnny Herbert und dem Jordan-Team. Die Intersport-Mannschaft spürte den Druck, und erst, als Donnelly Hills Klagen über zu wenig Leistung der Toyota-Motoren bestätigte, wurden die Maschinen in Kur geschickt.

Die Maßnahme erwies sich als erfolgreich, und die beiden Intersport-Boliden fuhren nach vorne. In Zandvoort gelang Hill und Donnelly (in dieser Reihenfolge) sogar ein Doppelsieg.

Auch in Donington Park beherrschte Damon Hill das Feld, mußte aber mit einem überhitzen Motor aufgeben. Er revanchierte sich mit einem grandiosen Sieg in Spa- Francorchamps Ende September.

Er belegte in der Abschlußwertung hinter Herbert, Gachot, Donnelly und Danielsson den fünften Platz.

Herbert, der bei einem Unfall in einem Formel-3000-Rennen in Brands Hatch schwerste Beinverletzungen davontrug, landete später in der Formel 1 und sollte mit seinem Benetton 1995 den britischen Grand Prix gewinnen.

Später meinte er, daß er Hill nie als größte Bedrohung gesehen habe. „Ich habe mich immer am meisten von Bertrand Ga-

Damon (rechts) mit dem Sieger Maurizio Sandro-Sala und dem Drittplazierten Paul Radisich nach dem Rennen in Snetterton 1986, bei dem Hill als Zweiter sein bestes Formel-3-Resultat erzielte.

chot bedroht gefühlt. Damon war keine Bedrohung. Er ist gut gefahren. Wir sind beide von ganz unten nach ganz oben gekommen, und 1994 ist er der Mann, den man schlagen muß".

1988 blieb Hill zusammen mit Donnelly bei Intersport. Der Finne J.J. Lehto stürmte in dieser Saison nach vorne, und Hill mußte vor allen Dingen gegen seinen Teamkameraden kämpfen.

Damon schlug sich eigentlich sehr gut. Er siegte in der ersten Saisonhälfte in Thruxton und holte sich einen Sieg im wichtigen Rennen vor dem britischen Grand Prix. Doch immer wieder stand er im Schatten von Donnelly, der mit dem 87er Ralt RT31 unterwegs war. Zur Saisonmitte verließ Donnelly das Team und stieg in die Formel 3000 ein.

Am Ende hatte Damon Hill in der Gesamtwertung den dritten Platz hinter Lehto und Gary Brabham belegt, was gemessen an den Hoffnungen vor dem ersten Rennen, schon enttäuschend war.

Donnelly, der 1990 nach einem schweren Unfall beim spanischen Grand Prix seine Karriere beenden mußte, erinnert sich gerne an die Kämpfe mit Hill. Er leitet heute ein eigenes Team, das sich in der britischen Formel-Junior-Meisterschaft engagiert.

„1988 waren wir eingeladen, um an einem Rennen in Knockhill in Schottland teilzunehmen. Angeblich sollte sich ein Klassefeld dort einfinden, doch als wir dort ankamen, waren Damon und ich die einzigen A-Fahrer. Es war klar, das einer von uns gewinnen würde.

Während des Trainings wechselten wir uns mit den schnellsten Zeiten ab, und am Ende lag ich mit 0,12 Sekunden vorne – dachte ich wenigstens. Als das offizielle Ergebnis vorlag, stand Damon auf dem ersten Startplatz, was auf mich wie ein rotes Tuch wirkte. Ich protestierte gegen meinen Teamkameraden, doch das Ergebnis wurde nicht geändert.

Am Renntag durften wir uns nach einigem Hin und Her nebeneinander aufstellen, wie es in der Formel Ford üblich war. Damons Pole Position hatte den Nachteil, daß er auf dem schmutzigen Teil der Strecke starten mußte. Ich tat alles, damit er auf diesem Teil blieb, wenigstens bis zur ersten Kurve.

Dort berührten wir uns, Damon landete in den Reifenstapel und ich gewann das Rennen.

Am folgenden Tag wurde ich zu einem Gespräch bei unserem Sponsor eingeladen. Damon war auch da und dann ging alles ganz schnell. Wir wurden beide gefeuert! Wir krochen also zu Kreuze und irgendwie waren wir so überzeugend, daß wir bald wieder eingestellt wurden."

Trotz der Rivalitäten kommen beide gut miteinander aus. „Doch auf der Strecke, wenn die Helme auf den Köpfen saßen, waren wir einfach nur noch Gegner."

Heute spricht er voller Bewunderung über die Ergebnisse seines ehemaligen Kollegen. „Ich habe ihn immer ein bißchen wie Mansell eingeschätzt. Nicht gerade übermäßig mit Talent verwöhnt, aber fleißig."

Auch der Herausgeber von „Motoring News" und ehemalige Formel-3-Korrespondent des Blattes, David Tremayne, war von Hills Art beeindruckt und ist von dessen späteren Erfolgen nicht überrascht worden.

Dritter Platz hinter Johnny Herbert (Mitte) und Gary Brabham 1987 in Brands Hatch.

RICOH
Cellnet
Cellnet
RICOH
7
TOYOTA
Cellnet
RICOH
tereo
29

Großes Bild: *Damon Hill vor Gary Brabham und J. J. Lehto.*

Kleines Bild: *Mit dem Ralt RT31-Toyota belegte Hill 1987 den fünften Platz in der britischen Formel-3-Meisterschaft.*

Nach seinem Sieg in Snetterton auf dem Podium zusammen mit Gary Brabham (links) und John Penfold, der das B-Rennen gewann.

„Von Anfang an war ihm klar, daß er kämpfen mußte, um nach oben zu kommen. 1986 zum Beispiel fiel er nicht weiter auf und war auch nicht besonders schnell. Er war aber motiviert, obwohl ich ihn damals nicht für den hungrigsten Fahrer hielt. 1987 beherrschte Johnny Herbert die Formel 3 und erst danach kamen Donnelly, McCarthy und Hill. 1988 schließlich mußte man besonders Damon, Donnelly und J. J. Lehto beobachten.

Damon verstand es, jede Gelegenheit zu nutzen. Als Mensch fand ich ihn toll, vor allen Dingen schon seinen Sinn für Humor. Er bleibt sich selbst treu und verbiegt sich nicht wie so viele Fahrer heute. Er hat auch schneller als die anderen, wie beispielsweise Johnny Herbert, begriffen, daß man stets arbeiten muß, um das zu behalten, was man gerade erreicht hat.

Damon hat sich sehr vorsichtig entwickelt, ohne dabei große Wellen zu verursachen. Am wichtigsten war die Tatsache, daß er selbst den Einstieg in die Formel 1 geschafft hat und nicht als Grahams Sohn.

Damon hat kaum Schattenseiten. Er kann schon mal schlecht gelaunt sein, aber höchstens weil er so hohe Ansprüche an sich stellt. Wenn ihm etwas auf die Nerven geht, dann ist er eher still und nachdenklich. Doch ich war schon beeindruckt wie er seine beiden Ausfälle in Silverstone und Hockenheim weggesteckt hat."

Im Jahre 1988 heiratete er Georgie, seine langjährige Freundin, und am 3. März 1989 kam der erste ihrer beiden Söhne, Oliver, auf die Welt. Der Junge war mongoloid, doch statt ihn in ein Heim abzuschieben, nahmen die beiden die Herausforderung an und erziehen ihn zusammen mit den anderen Kindern zu Hause.

„Natürlich war es für uns ein schwerer Schlag, vor allem für Georgie. In meinen Zwanzigern wollte ich meinen persönlichen Lebensplan verwirklichen. Ich wollte, das alles so geschah, wie ich es mir vorgestellt hatte und gestattete keine anderen Einflüsse.

Doch nach einer Weile stellst du fest, daß sich die Dinge selbständig entwickeln. Nur solange du von dir sagen kannst, daß du dein Bestes gegeben hast, kannst du zufrieden sein." Ihr zweiter Sohn Joshua kam am 9. Januar 1991 gesund zur Welt.

Nach drei Jahren in der Formel 3 stand Damons weitere Karriere auf der Kippe. Er mußte 1989 unbedingt in die Formel 3000 aufsteigen. Doch dafür brauchte er Geld, und das hatte er nicht. Damon hatte für die Nachwuchsklasse der Formel 1 keinen Sponsor und wurde daher eingeladen, an einem Rennen der unbedeutenden britischen Formel-3000-Meisterschaft teilzunehmen. In seinem ein Jahr alten Reynard-Cosworth belegte er in Oulton Park den dritten Platz.

Danach fuhr er für Richard Lloyd Racing einen Porsche 962 bei den 24 Stunden von Le Mans, doch nach 228 Runden versagte der Motor.

Dann wendete sich das Schicksal. Das japanische Mooncraft Team bestritt die europäische Formel-3000-Meisterschaft mit dem japanischen Piloten Ukyo Katayama, der freilich keine Lust mehr hatte, ständig zwischen Großbritannien und Japan zu pendeln, wo er auch die Meisterschaftsläufe bestritt.

„Er war das Reisen leid und konnte sich außerdem kaum mit den Mechanikern verständigen", erinnert sich Teammanager

Großes Bild: *Damon Hill mit einem Ralt RT32 beim Grand Prix von Macao, den er als Zweiter beendete.*

Kleines Bild: *Beim Formel-2-Rennen in Monaco 1988 zieht Hill am Dallara von Antonio Tamburini vorbei. Am Ende belegte er den sechsten Platz.*

GITANES
GORDON'S GIN
Marlboro
Marlboro
MICHELIN
8
5
FLYING TIGERS
FLYIN
Cargo Carrier - 35th Macau Grand P
6

John Wickham. Damon Hill und Perry McCarthy wurden zu einem Test nach Snetterton eingeladen, wo beide ziemlich schnell unterwegs waren. Doch der Sponsor entschied sich für Damon."

Leider konnte der Mooncraft MC-041 mit dem japanischen Mugen-Motor nicht die Erwartungen erfüllen, doch Damon war wenigstens der Einstieg in die nächst höhere Klasse geglückt.

Er ging mit dem Wagen in fünf Rennen an den Start, wobei das beste Ergebnis ein 15. Platz in Dijon war, zwei Runden hinter dem siegreichen Lola von Erik Comas. In Enna überhitzte der Motor, in Brands Hatch versagte das Getriebe und in Birmingham schaffte er es nicht an den Start, weil eine Antriebswelle in der Aufwärmrunde brach.

In Le Mans reichte es auf dem kleinen Bugatti-Kurs zu einem 16. Platz. Hier hatte sein Vater 1967 den französischen Grand Prix angeführt. Damon hatte aber wenigstens die Experten beeindruckt.

„Man konnte sehr gut mit ihm zusammenarbeiten", erinnert sich Wickham. „Seine Meinung und Analysen über den Wagen waren immer sehr genau. Seine Zeit in der Formel 3 hatte ihre Höhen und Tiefen. Doch bei uns wurde er von Rennen zu Rennen besser."

Der Journalist Tony Dodgins schrieb damals in dem wichtigen Formel-3000-Rückblick des Magazins „Autocourse": „Der Wagen machte einen schwerfälligen und plumpen Eindruck. Damon Hill hatte das zweifelhafte Vergnügen, den Wagen von Enna an zu fahren. Damon steckte seine ganze Energie in den Boliden und qualifizierte sich für jedes Rennen, obwohl das einen harten Kampf bedeutete."

1990 sah alles besser aus. Er nahm mit einem Lola-Cosworth T90/50 für das Team Middlebridge an der Formel-3000-Meisterschaft teil. Sein bestes Ergebnis war ein zweiter Platz in Brands Hatch. Er stand dreimal auf der Pole Position, fuhr zwei schnellste Runden und führte fünf Rennen an.

Rechts: *Siegerehrung in Macao 1988. Sieger wurde Enrico Bertaggia (Mitte). Den dritten Platz belegte der Deutsche Otto Rensing.*

PRIX MACAU
YOKOHAMA
CAMEL
BOSCH
OICO
MOËT
MOËT

Kleines Bild: *Damon Hill in einem Formel-3000-Monoposto in Zolder kurz vor dem vorzeitigen Ende.*

Großes Bild: *In Dijon reichte es immerhin zu einem achten Platz.*

RICOH RICOH
29
RICOH
29
RICOH

Als er den Wagen übernahm, litt der Lola unter fehlenden Testkilometern, was dazu führte, daß er sich für das erste Rennen in Donington Park nicht qualifizieren konnte. Doch beim zweiten Auftritt in Silverstone war seine Leistung schon besser.

Testfahrten in Pembrey (Wales) und Monza hatten den Boliden deutlich verbessert und Damon erreichte hinter Alan McNish und Comas (beide Lola) den dritten Startplatz. Er schaffte einen sensationellen Start und führte 16 von 41 Runden, bis er durch einen elektrischen Defekt gestoppt wurde.

Duncan MacRobbie, Ingenieur bei Lola, meinte, er sei „äußerst beeindruckt" von Hills Leistung. „Er ist ein logisch denkender Mensch, und er gibt uns einiges an Feedback. Wie er das Rennen anführte, das war für einen Anfänger schon beachtlich."

„Er fuhr wie ein Uhrwerk und kontrollierte das Rennen. Wir haben Zeit. Irgendwann, da bin ich ganz sicher, wird er auch Rennen gewinnen." Das schon, aber nicht in einem Lola!

Nach dem Rennen in Silverstone war Damon verständlicherweise ziemlich sauer, als er in einem Boulevardblatt lesen mußte, er habe versehentlich den Hauptschalter für die Elektrik abgestellt. Die entsprechenden Gerüchte wurden dadurch noch verstärkt, daß der Wagen in der Box problemlos ansprang.

Hill: „Ich bin stinksauer. Ich kann mir nicht erklären, wo die Geschichte herkommt. Auf jeden Fall sehe ich aus wie ein Vollidiot."

In Monza stand er wieder auf der Pole Position und fiel im Rennen wegen technischer Probleme auf den elften Platz zurück. In Hockenheim (offensichtlich nicht seine Strecke) ging er vom ersten Startplatz im Rennen, flog aber in der ersten Runde vor der Zielgeraden von der Piste.

In Brands Hatch belegte er hinter McNish den zweiten Platz und verzeichnete damit sein bestes Ergebnis. Zwei weitere Ausfälle und ein zehnter Platz sollten noch folgen. Am Ende langte es für den 13. Platz in der Meisterschaft, was seiner Leistung aber nicht annähernd gerecht wird.

Im Jahre 1991 fuhr Damon für das Team EJR, das von der Zigarettenmarke Barclays finanziert wurde. Nach der vielversprechenden Saison 1990 wurde Damons Geduld auf eine harte

Der Mugen MC-041 des Mooncraft-Team stellte sich als schwer zu fahrender Bolide heraus. Daher waren viele Beobachter von Damons Vorstellung in Dijon beeindruckt.

Mit einem Lola des Middlebridge-Teams erreichte er beim Regenrennen 1989 in Brands Hatch einen zweiten Platz und damit seine beste Plazierung der Saison.

Oben: *Hockenheim 1990 war kein erfolgreiches Wochenende für Damon Hill. Er startete von der Pole Position, nur um sich wenig später von der Strecke zu drehen.*

Rechts: *Ein freundlich lächelnder Damon Hill, der in der Formel-3000-Saison 1991 eigentlich gar nichts zu lachen hatte.*

Probe gestellt. Denn der neue Lola T91/50 hatte gegen die Reynards 91D keine Chance. Am Ende belegte er zwar in der Meisterschaft den siebten Platz, doch das verdankte er vor allen Dingen einem dritten Platz hinter Christian Fittpaldi und Alessandro Zanardi im letzten Rennen der Saison in Nogaro. Da war er mit einem von Karl Wendlinger geliehenen Reynard unterwegs.

Doch wie wir im nächsten Kapitel sehen werden, gab es einen neuen Faktor in Damons Leben, was seinen Optimismus am Leben hielt.

Er sicherte sich einen Testvertrag mit dem Williams-Team, das damals mit Nigel Mansell auf WM-Kurs fuhr.

BELL
Racestar
cellnet
BARCLAY
Arai
HELMET

14
Marlboro
ZENITH
data systems
MDS
Marl
AVON

Großes Bild: *Damon Hill jagt mit seinem Lola Laurent Aiello 1991 in Vallelunga, der später von der Strecke flog. Hill belegte einen starken vierten Platz.*

Kleines Bild: *Hockenheim war auch 1991 kein gutes Pflaster für Hill. Dieses Mal scheiterte er an einem technischen Defekt.*

• KAPITEL VIER •

Durch die Hintertür in die Formel 1

Anfang 1988 hatte Damon Hill einige Testrunden mit dem Benetton BT87 auf dem Kurs von Paul Ricard gedreht. Es war ein Ereignis, das für seine Zukunft als Rennfahrer keine weitere Bedeutung hatte. Die großen Formel-1-Teams haben alle Testmannschaften, die ständig neue technische Lösungen auf ihre Zuverlässigkeit testen. Gleichzeitig bieten diese Zweitmannschaften den Teammanagern auch die Möglichkeit, die nachrückende Fahrergeneration unter die Lupe zu nehmen.

Ende 1987 hatte sich Damon Hill als erfahrener Pilot in der Formel 3 einen gewissen Ruf aufgebaut, der es ihm ermöglichte, von Benetton zu Testfahrten eingeladen zu werden.

Benetton-Teammanager Peter Collins erinnert sich, daß Damon Hill damals ernsthaft, zuverlässig und vor allem sehr schnell war. „Er war sehr gut unterwegs und wesentlich besser als Martin Donnelly, der für uns in Estoril gefahren war."

Nun darf man bei solchen Fahrten erzielte Zeiten nicht überschätzen. Das gilt vor allem für Paul Ricard, wo die Rundenzeiten von den Windverhältnissen und den Temperaturen beeinflußt werden.

Damon Hill blieb also zunächst in der Formel 3 und Formel 3000 und wartete vergebens auf die Talentsucher, die in ihm die offensichtlich übersehene Begabung entdeckten. Doch wenn man sich die jüngere Geschichte der Formel 1 betrachtet, dann hängt es immer wieder von einer großen Portion Glück ab, seinen Hintern in einen Formel-1-Boliden zu bekommen.

Wenn der Sieg in einer Formel-3-Meisterschaft zum Beispiel alleine ausschlaggebend für den Aufstieg in die Königsklasse sein sollte, dann hätte Nigel Mansell zum Beispiel nie eine Chance bekommen. Der verdankte seinen Aufstieg zu einem großen Teil dem Journalisten Peter Windsor, dem der Fahrer aus Birmingham 1979 aufgefallen war. Windsor machte Peter Collins, damals noch in Lotus-Diensten, auf Mansell aufmerksam. Colin Chapman gab dem jungen Mann eine Chance, ließ ihn einige Testrunden drehen und engagierte ihn schließlich. Freilich mußte Mansell dann noch sechs Jahre warten, bis er bei Williams in einem Wagen saß, mit dem man Rennen und die Weltmeisterschaft gewinnen konnte.

Ende der achtziger Jahre war Williams in technischer Hinsicht das in der Formel 1 führende Team. 1990 war allen Beteiligten klar, daß die Last des ständigen Testens und der Rennen aufgeteilt werden mußte. Die damaligen Fahrer Thierry Boutsen und Riccardo Patrese waren einfach zu sehr eingespannt.

Der Aufwand war schlicht zu groß geworden, und daher machten sich Frank Williams und sein technischer Direktor Patrick Head auf die Suche nach einem jungen Testfahrer.

Der Glückliche war Mark Blundell, 23 Jahre alt und einer der vielversprechendsten Nachwuchspiloten Englands. Blundell erledigte seine Aufgabe hervorragend. Unter anderem hatte er großen Anteil an der Entwicklung des halbautomatischen Getriebes, das Nigel Mansell 1991 bei seiner Rückkehr ins Team benutzen sollte. Auch mit Renault arbeitete der junge Mann bei der Weiterentwicklung des Renault-V10 gut zusammen.

Mark machte nie einen Fehler und brachte die Autos immer unversehrt in die Boxen zurück, was Patrick Head ziemlich stark beeindruckte. Doch nachdem er erkennen mußte, daß es bei Williams für ihn 1991 keinen Platz gab, machte er sich auf

Seine Karriere bei Williams begann als Testfahrer. Das Foto zeigt Hill im Williams FW14.

Damon Hill versuchte vergeblich, den schwächlichen Brabham-Judd BT60B in Spanien zu qualifizieren. Seinem Vater gelang 1971 in Silverstone bei der International Trophy für das gleiche Team sein letzter Sieg.

Damon Hill mit einem Formel-Ford-1600 unterwegs in Brands Hatch.

Testfahrten mit einem Ralt RT32 in Snetterton vor dem Grand Prix in Macao, den er auf dem zweiten Platz beendete.

Mit einem Ralt-Toyota in Thruxton bei einem Lauf zur britischen Formel-3-Meisterschaft 1988.

Training für den Grand Prix von Birmingham 1989, bei dem Damon Hill wegen eines technischen Defekts an seinem Formel-3000-Boliden in der Einführungsrunde aufgeben mußte.

In Enna-Pergusa ging Hill 1990 mit einem Lola T90 an den Start.

Links: *Damon Hill 1991 mit einem Lola T91 in Mugello. Nach einem Unfall war sein Rennen in der ersten Runde beendet.*

Rechts: *Teammanager Ray Boulter dirigiert die Arbeiten am EJR/Barclay Lola. Damon wartet geduldig.*

BARCLAY
BARCLAY
BARCLAY

Damon versucht seinem Teamkollegen Vincenzo Sospiri auszuweichen, dessen Wagen den Heckflügel verloren hat.

Klassenbild am Ende der Formel-3000-Saison 1991. Damon Hill ist der Dritte von links. Links neben ihm sitzt der Titelträger Christian Fittipaldi. Die Sechste von links ist Giovanna Amati, seine Vorgängerin bei Brabham in der folgenden Saison.

Damon bei seinem letzten Auftritt in der Formel 3000. In Nogaro belegte er 1991 den dritten Platz. In der Mitte der Sieger Christian Fittipaldi. Neben ihm Alessandro Zanardi.

Der erste Ausritt im Brabham-Judd BT60B, der eine modifizierte Version des Vorjahreswagens war.

Oben: *Die neue Lackierung brachte beim französischen Grand Prix 1992 keinen Erfolg.*

Unten: *Beim Grand Prix in Silverstone blickte Damon Hill mehr in den Rückspiegel als nach vorne.*

Rechts: *Damon in der Box in Silverstone.*

OLYMPUS CAMERAS
JUDD V10
GalleyMatri
GOODYEAR
SIGNS FOR THE TIMES
KEY PRESS

Geschafft. Damon Hill und Frank Williams bei der Bekanntgabe, daß Hill 1993 als Teamkollege von Prost an den Start gehen würde.

Ein berühmter Name aufs Neue in der Formel 1.

Testfahrt im portugiesischen Estoril.

Testfahrt im portugiesischen Estoril.

Mit Georgie vor dem südafrikanischen Grand Prix 1993.

Canon
CAMEL

Auf dem Weg zu seinen ersten Weltmeisterschaftspunkten 1993 beim brasilianischen Grand Prix in Sao Paulo, den Ayrton Senna gewann.

Die letzten Vorbereitungen vor dem Start des europäischen Grand Prix in Donington 1993.

SEGA
SEGA
SEGA
GOOD YEAR
Canon
HIGHLAND
SPRING
CHAMPION

Was sagen die Kritiker?

Links und unten: *Im Dienstwagen, einem Renault Safrane.*

Links: *Zum zweiten Mal hintereinander Zweiter hinter Senna. Donington, Ostern 1993.*

Unterwegs zum ersten Grand-Prix-Sieg 1993 in Ungarn.

Endlich am Ziel. Auf dem Podium in Ungarn 1993.

Damon Hill, Sieger im britischen Grand Prix 1994.

Hill in Führung beim ungarischen Grand Prix 1994.

die Suche nach einem eigenen Cockpit. Er unterschrieb bei Brabham-Yamaha, sammelte Rennerfahrung, nur um am Ende der Saison ohne neuen Vertrag auf der Straße zu stehen.

1991 unternahm Blundell noch einige Testfahrten für Williams, doch die wurden immer weniger, und Damon übernahm seine Rolle. Blundell kam dann als Testfahrer bei McLaren unter und stieg 1993 bei Ligier wieder in die Formel 1 ein.

Die beiden hatten die beneidenswerte Chance, die Welt der Formel 1 ohne den Streß von Rennwochenenden kennenzulernen, und das im Cockpit eines der besten Rennwagen aller Zeiten. Es waren unvergleichbare Erfahrungen, die sie sammeln konnten.

„Ich bin damals für das Middlebridge-Formel-3000-Team gefahren“, erinnert sich Blundell, „und der Chef John MacDonald hat den Kontakt zu Frank Williams hergestellt. Damon ging den gleichen Weg. Von Middlebridge zu Williams, zu Brabham, doch dann zog er das große Los.“

Damon war damals nicht gerade ein Kandidat für den weiteren Aufstieg. Er bekam den Vertrag mit Williams, wo es eigentlich nicht danach aussah, daß er dort große Chancen haben würde.

Wie bei Mansells ersten Versuchen, ein Bein in die Tür zur Formel 1 zu bekommen, zeigten Hills Leistungen als Testfahrer, daß Talent alleine nicht immer ausreicht. Mindestens genauso wichtig ist die Fähigkeit, eine Gelegenheit, wenn sie sich bietet, zu erkennen und hundertprozentig zu nutzen. Diese Überlegungen sind bestimmt das eine oder andere Mal durch den Kopf von Mark Blundell gewandert, der, wenn sich die Dinge anders entwickelt hätten, durchaus Hills Platz hätte einnehmen können. Statt dessen kämpfte er sich 1993 mit einem unterlegenen Ligier durch die Rennen. Sein Wagen wurde übrigens vom gleichen Motor wie Hills Williams angetrieben.

Als die Saison 1992 begann, war das Brabham-Team nur noch ein Schatten einstiger erfolgreicher Tage. 30 Jahre zuvor war beim Grand Prix von Deutschland auf dem Nürburgring zum ersten Mal ein Wagen mit dem Namen des Weltmeisters aus Australien aufgetaucht.

Sir Jack Brabham gewann 1966 die Weltmeisterschaft und

sein Teamkollege Denny Hulme wiederholte den Triumph ein Jahr später. Brabahm zog sich 1970 zurück und verkaufte sein Unternehmen an seinen langjährigen Mitkämpfer Ron Tauranac, der wiederum die Firma 1972 an den berühmt-berüchtigten Bernie Ecclestone weiterreichte.

Unter Ecclestone, der die Formel 1 zu einem weltweiten Sport gemacht hat, ging es mit Brabham weiter nach oben. Zeitweise sorgten auch BMW-Turbomotoren für Antrieb. Zwischen 1974 und 1985 gehörte das Team zur allerersten Liga der Mannschaften. Nelson Piquet fuhr auf Brabham 1981 und 1983 zu zwei seiner drei Weltmeistertitel.

Im Jahre 1990 war Brabham jedoch an den Schweizer Geschäftsmann Joachim Lüthi verkauft worden, und damit begann der rapide Abstieg. Im Jahre 1991, inzwischen war das Team wieder in England bei der Middlebridge-Gruppe gelandet, sorgte ein Motoren-Vertrag mit Yamaha für bescheidene Erfolge. Martin Brundle und Mark Blundell beendeten einige Rennen unter den ersten Sechs. Doch am Ende der Saison wanderten die Yamaha-Motoren zu Jordan und die Zukunft von Brabham war äußerst unsicher.

Nachdem kein Geld vorhanden war, um einen völlig neuen Wagen zu bauen, wurde das Vorjahresmodell so umgebaut, daß geleaste Judd-Motoren montiert werden konnten. Das Team nahm den Belgier Eric van de Poele und die Italienerin Giovanna Amati unter Vertrag, doch weil sich die junge Dame weder in Südafrika noch in Brasilien qualifizieren konnte, trennte man sich wieder von ihr.

Amati war nur wegen der Sponsorengelder zu Brabham gekommen. Eigentlich hatte Teamchef Dennis Nursey von Anfang an auf Damon gesetzt. Ein Unternehmen namens Alolique, das die Middlebridge Group kontrollierte, hatte ursprünglich geplant, ein Formel-3000-Programm für Damon Hill zusammenzustellen, doch das Ganze kam mangels Sponsorengeldern nicht zustande.

In Wahrheit war Brabham finanziell so unterversorgt, daß man die Möglichkeit nicht ausschloß, daß der Rennstall schon vor dem dritten Rennen der Saison seine Tore schließen würde.

„Die meisten unserer Gläubiger sind geduldig", erklärte damals Dennis Nursey, „ein oder zwei waren etwas ungeduldig, doch wir haben das alles im Griff. Wir brauchen ganz einfach Geld. Wenn wir keinen Käufer oder Sponsor bekommen, dann schaffen wir es nicht nach Barcelona.

Es wäre mir am liebsten, wenn wir nur 40 Prozent verkaufen würden, aber wenn es hundert sein müssen, dann eben hundert. Wir reden mit Leuten in Südafrika, Italien und Japan. Es gibt kaum eine Möglichkeit, nicht alles verkaufen zu müssen."

Damon Hill betrat ein sinkendes Boot. Zum ersten Mal mußte er sich für einen Grand Prix qualifizieren. In der Ruhe der englischen Provinz war er unterdessen noch immer mit Testfahrten für Williams beschäftigt. Einen größeren Gegensatz zwischen dem Williams und dem Brabham BT60B, mit dem er sich in Barcelona qualifizieren wollte, konnte man sich kaum vorstellen.

Der spanische Grand Prix 1992 wurde zum zweiten Mal auf der neuen Rennstrecke Circuit de Catalunya in der Nähe von Barcelona ausgetragen. 24 Jahre zuvor hatte Graham Hill das Rennen auf der Strecke von Jarama in Madrid mit dem Lotus 49 angeführt.

Es war damals das erste Rennen nach dem tödlichen Unfall von Jim Clark gewesen. Hill hatte die Aufgabe, die Moral des Teams wieder aufzubauen.

Sein Sohn Damon hatte ein ganz anderes Problem. Brabham stand kurz vor dem endgültigen Aus und alles, was der Nachwuchspilot tun konnte, war, irgendwie auf sich aufmerksam zu machen.

Die finanziellen Verhältnisse des Teams waren derart katastrophal, daß der Lastwagen an der spanischen Grenze festgehalten wurde, weil ein Unternehmen noch Forderungen aus dem französischen Grand Prix des Vorjahres hatte. Der Truck durfte erst weiterfahren, nachdem der Ersatzwagen als „Geisel" an der Grenze blieb. Van de Poele und Hill standen nun unter dem zusätzlichen Druck, daß sie im Falle eines Unfalls während des Trainings keine Ausweichmöglichkeit hatten.

Damons erste Trainingssitzung hätte nicht unglücklicher laufen können. Nach einer ganzen Serie von Fehlzündungen blieb der Wagen am Ende der Boxenstraße stehen. Er war zwar nur

Links: *Ein entschlossener Damon Hill im Brabham BT60B. Der Wagen war ein großer Gegensatz zum Williams FW14B, den er als Testfahrer bewegte.*

wenige Meter von seinen Mechanikern entfernt, doch die durften nicht helfen, weil der Brabham technisch auf der Rennstrecke stand. Wichtige Zeit verging, bis sie die Genehmigung erhielten, dort an dem Boliden arbeiten zu dürfen.

Am Ende des ersten Tages stand er auf dem 30. Platz – sechs Plätze von einem Startplatz entfernt. Am Samstag regnete es, und er hatte keine Chance, sich zu verbessern.

Zwei Wochen später stand der Grand Prix von San Marino in Imola auf dem Programm. Die finanziellen Schwierigkeiten hatten jetzt noch größere Ausmaße angenommen. Ingenieure von Judd schraubten wegen fehlender Leasinggebühren die Elektronik von ihren Motoren ab. Erst als Bürgschaften aus England in Italien eintrafen, kehrte die Elektronik wieder an ihren Platz zurück, und die beiden Piloten konnten am ersten offiziellen Training teilnehmen.

Als hätte das alles nicht gereicht, wurden Damons Zeiten für ungültig erklärt, nachdem sein Wagen für zu leicht befunden worden war. Am Samstag war er 1,2 Sekunden zu langsam, um am Rennen teilnehmen zu dürfen. Kritiker meinten damals, daß sich Hill in diesem Team mehr schade als nutze, doch er meinte schließlich, daß er keine andere Chance gehabt habe.

14 Tage später machte der Formel-1-Zirkus in Monte Carlo Station. Monaco – das war der Grand Prix seines Vaters gewesen. Damon kannte die Strecke aus seiner Formel-3-Zeit, doch die Medien zogen Parallelen zu seinem Vater, der dieses Rennen fünfmal gewonnen hatte.

Der Vergleich war einfach unsinnig, schließlich hatte der schwächliche Brabham nicht den Funken einer Chance, um einen Sieg einzufahren. Er ähnelte eher dem zerbrechlichen Lotus 12, mit dem Graham Hill zum ersten Mal im Fürstentum an den Start gegangen war und der in der Schikane ein Rad verlor.

Am Ende fehlten Damon Hill 0,4 Sekunden, um starten zu dürfen. In seinem bescheidenen Hotel in Beaulieu machte er sich Gedanken über die Gerechtigkeit im Motorsport. „Wenn

MAGNETI
MARELLI
YAMAZEN

Links: *Trotz allen Einsatzes reichte es auch in Imola mit dem Brabham nicht zur Qualifikation fürs Rennen.*

mich Nigel Mansell oder Riccardo Patrese überholen, fühle ich mich richtig schlecht. Es ist einfach furchtbar. Doch dann denke ich mir, daß ich etwas zur Entwicklung des Williams FW14B beigetragen habe."

Zur gleichen Zeit machte ein Gerücht die Runde, nachdem Damon Hill angeblich an den beiden Indycar-Rennen in Detroit und Portland als Ersatz für den verletzten Mario Andretti teilnehmen sollte. Wie sich später herausstellte, war nichts an diesem Gerücht dran. In Detroit wurde der Italiener Teo Fabi eingesetzt, und in Portland saß Andretti wieder im Cockpit. Doch wenig später sollte die amerikanische Rennserie und der bedeutende Rennstall Newman/Haas mit seinem Angebot an Nigel Mansell eine wichtige Rolle in Damon Hills Karriere spielen.

Im Augenblick sah die Gegenwart allerdings eher düster aus. In Montreal, beim kanadischen Grand Prix, verhinderten Motorprobleme Hills Qualifikation. In Frankreich gab es einen kleinen Hoffnungsschimmer, als die beiden Brabham mit einer neuen Lackierung in Magny-Cours eintrafen.

Der mysteriöse Sponsor blieb weitgehend im Dunkel, wie auch Damons Chancen, sich endlich für ein Rennen zu qualifizieren. Am Freitag waren es Getriebeprobleme, die ihn in den Ersatzwagen zwangen, der wiederum von Fehlzündungen gebeutelt wurde. Am Samstag schließlich blieb er mit Elektrik-Problemen auf der Strecke.

Sieben Tage später stand der britische Grand Prix auf dem Programm, und eigentlich hatten die beiden Brabham-Piloten im schnellen Silverstone keine Chance, doch endlich einmal hatte Damon das nötige Quentchen Glück.

Zunächst sah alles nach einem weiteren arbeitsfreien Sonntag aus. Damon Hills Motor versagte, und bei van de Poeles Wagen war der Kühler undicht. Der Wagen des Belgiers wurde repariert und an Damon weitergereicht, dem man wegen seiner intimen Streckenkenntnisse die besseren Chancen gab. Der Bolide hatte einen überarbeiteten Judd-Motor und einen mo-

Großes Bild: *Endlich qualifiziert. Beim britischen Grand Prix erreichte Damon Hill endlich das Starterfeld und erreichte als Letzter das Ziel.*

Kleines Bild: *In der Boxenstraße von Silverstone verfolgt Damon Hill die Ergebnisse der Konkurrenz.*

PITS
minardi
BLAUPUNKT
olivetti
0123

difizierten Unterboden, was half, den 26. Startplatz im Freitag-Training zu erreichen.

Am Samstag regnete es, und Damon Hill konnte am Sonntag von der letzten Position an den Start gehen. Das Rennen war dann eine einzige Mansell-Feier. Die Nummer eins von Williams fuhr die Konkurrenz in Grund und Boden und Mansell erzielte seinen fünften Sieg in England, was seine Fans in einer Art südländischem Temperamentsausbruch veranlaßte, die Strecke zu stürmen.

Vom Rest der Welt ziemlich unbeobachtet, erreichte Damon Hill als 16. und Letzter, vier Runden hinter Mansell, das Ziel. Er wurde auch noch in die Mansell-Mania an Start und Ziel verwickelt. „Ich war genau hinter Mansell, und – ehrlich – ich glaubte nicht, daß wir beide das überleben würden. Ich hätte beinahe sechs Leute überfahren. Offensichtlich hatten sie keine Ahnung, daß noch andere Autos auf der Piste waren. Sie hatten nur Augen für Nigel und sprangen auf die Piste. Es war sehr schwer, da durchzukommen. Sie haben aber auch mir applaudiert, obwohl ich Letzter geworden war."

Mansells Vorstellung hatte für Hill fast etwas Ehrfurchterregendes. „Nigel hat die Bewunderung seiner Fans aber auch verdient. Er hat sich sagenhaft gut geschlagen. Ich wäre sehr glücklich, diesen Wagen in einem Grand Prix zu fahren. Ich glaube aber nicht, daß ich so gut damit umgehen könnte. Ich glaube nicht, daß er jetzt noch die Weltmeisterschaft verspielen kann."

In Hockenheim gab es wieder das gewohnte Bild. Auf dem schnellen Kurs hatten die beiden Brabham-Boliden nicht den Funken einer Chance. Zwei Wochen später, beim ungarischen Grand Prix, stand nur noch ein Brabham in der Box. Eric van de Poele hatte das übrig gebliebene Geld seiner Sponsoren genommen und sich bei Fondmetal eingekauft. Eigentlich hatte das Team damit gegen das Reglement, das zwei Wagen zwingend vorschrieb, verstoßen. Doch Brabham berief sich auf unvorhersehbare Ereignisse, weil es unmöglich gewesen sei, in der kurzen Zeit einen Ersatz zu finden.

Während im Hintergrund verzweifelt versucht wurde, Brabhams Zukunft zu sichern, qualifizierte Damon Hill den BT60B für den 25. und vorletzten Startplatz. Im letzten Rennen eines

Brabham belegte Hill einen elften Platz. Als Sieger sicherte sich Mansell vorzeitig die Weltmeisterschaft. 30 Jahre zuvor hatte Graham Hill auf dem Nürburgring den zweiten Grand Prix seiner Karriere gewonnen.

Beim belgischen Grand Prix in Spa fehlte Brabham, und Damon Hill arbeitete weiter als Testfahrer für Williams. „Beim Testen hat man schon gemischte Gefühle. Auf der einen Seite ist man glücklich, so einen tollen Wagen fahren zu dürfen, gleichzeitig ist man aber auch traurig, daß man keine Rennen fahren darf. Irgendwie denkst Du immer daran, den Wagen einmal in einem Grand Prix fahren zu dürfen."

Während Brabham von der Motorsportbühne rollte, begannen hinter den Kulissen Entwicklungen, die Damon Hills Karriere in eine ungeahnte Richtung treiben sollten. Nigel Mansell, Weltmeister und mit der Rekordzahl von zehn Siegen in einer Saison unangefochtene Nummer eins, war trotzdem kein glücklicher Mann.

Zwei Jahre lang war er der Top-Pilot bei Williams und mußte nun entdecken, daß die loyale Nummer zwei, der Italiener Riccardo Patrese, durch den Franzosen Alain Prost ersetzt werden sollte. Patrese, einer der beliebtesten und angenehmsten Zeitgenossen in der Formel 1, hatte fünf Jahre lang solide Arbeit bei Williams abgeliefert. Er war jedoch keine Nummer eins, und nun war seine Zeit abgelaufen.

Prost, der 1991 eine Auszeit genommen hatte, nachdem er bei Ferrari in Ungnade gefallen war, wollte nun zurückkehren und zum vierten Mal Weltmeister werden. Seine Kontakte zu Williams beunruhigten Mansell, der den Franzosen aus gemeinsamen Zeiten bei Ferrari kannte und ihn für einen mit allen Wassern gewaschenen Intriganten hielt. Mansells Verhandlungen mit Williams gerieten wegen Kleinigkeiten ins Stocken und wurden im Laufe der Zeit immer verbissener.

Williams hatte wenig Möglichkeiten, sich gegen Prost zu stellen. Rund 45 Prozent dessen Gehaltes kamen vom französischen Ölmulti Elf und von Renault (in Form von Motoren und technischer Beratung). Frank Williams wollte nicht unbedingt die Hand beißen, die ihn so großzügig fütterte.

In der Vergangenheit hatte es der Engländer durchaus dar-

Mit dem Brabham BT60B hatte Damon Hill 1992 beim britischen Grand Prix alle Hände voll zu tun, um den schnelleren Piloten nicht den Weg zu verstellen. Ein Jahr später sollte alles anders sein.

COPSE 2

Ein leicht verbogener Brabham beim ungarischen Grand Prix 1992, dem letzten Auftritt des Rennstalls nach 31 Jahren. Hill qualifizierte sich mit dem Ersatzwagen für das Rennen.

auf ankommen lassen und den unbequemeren Weg des „Neins“ gewählt. So gegenüber Honda, als der Konzern ihn zwingen wollte, dem japanischen Piloten Satoru Nakajima ein Cockpit zu geben. Doch jetzt handelte es sich um den dreifachen Weltmeister Alain Prost, der zudem den Ruf hatte, hervorragende Entwicklungsarbeit leisten zu können.

Mansell meinte freilich, daß sich seine Position parallel zu seinen Erfolgen auf der Rennstrecke verbessern würde, und lag damit ziemlich falsch. Mehrere Male hätte er einen finanziell verbesserten Vertrag für 1993 unterschreiben können, doch er schreckte immer wieder davor zurück.

Weder er noch Frank Williams haben jemals bestätigt, daß die Verhandlungen schließlich an Banalitäten wie der Zahl der Hotelzimmer für Mansells Entourage scheiterten. Doch irgendwann hatte Frank Williams keine Geduld mehr und stellte ihm ein Ultimatum, einen wesentlich schlechteren Vertrag als die vorangegangenen Entwürfe zu unterschreiben.

Details sind heute nicht mehr so wichtig. Am Morgen des italienischen Grand Prix in Monza veranstaltete Mansell eine Pressekonferenz, in der er seinen Rückzug von der Formel 1 bekanntgab. Er ging als Nachfolger von Michael Andretti, der zu McLaren in die Formel 1 wechselte, in die Indycar-Serie zum Rennstall Newman/Haas.

Mansell hatte seine Konferenz noch nicht beendet, da begannen bereits die Gerüchte zu sprießen. Wer würde sein Nachfolger werden? Martin Brundle empfahl sich mit seinem besten Rennresultat am Nachmittag, als er hinter Ayrton Senna im McLaren den zweiten Platz belegte. Brundle hatte Mansell schon einmal, 1988 in Spa-Francorchamps, vertreten. Mika Häkkinen, der talentierte Finne, war eine Möglichkeit, und dann gab es da noch Damon Hill. Doch dem gaben die Experten höchstens Außenseiterchancen.

Die drei Kandidaten erlebten drei nervenaufreibende Monate. Brundle fuhr nach Didcot, redete mit Frank Williams, und man einigte sich auf einen Vorvertrag. Doch über Nacht, niemand weiß warum, überlegte es sich Williams anders und Brundle war draußen.

Keke Rosberg, der 1982 für Williams Weltmeister geworden war, intervenierte für seinen jungen Landsmann. Mika war eigentlich auch der Favorit. Er hatte Talent und die besten langfristigen Aussichten.

Doch seine Verpflichtung scheiterte an Lotus. Dort behauptete man fälschlicherweise, daß der Finne für 1993 unter Vertrag stand. Das reichte Frank Williams, den Finnen nicht neben Prost einzusetzen.

Rosberg nahm die Angelegenheit fast philosophisch. „Es hat keinen Sinn, jemanden zu etwas zu zwingen.“ Er vergaß die Enttäuschung und verschaffte seinem Landsmann einen Platz bei McLaren.

In der Zwischenzeit kam die Saison 1992 zu ihrem Ende.

Es war ein kalter Herbstmorgen in London. Ich stand in einer Schlange vor der australischen Botschaft. Plötzlich tippte mir jemand auf die Schulter. Damon Hill wartete auch darauf, daß die Botschaft endlich öffnete. Er war wie ich auf dem Weg nach Adelaide zum letzten Grand Prix der Saison 1992.

„Ich werde einfach in Franks Garage herumstehen, um mich in Erinnerung zu bringen. Und um mit den Ligier-Leuten zu sprechen.“ Ligier war damals sehr an Hill interessiert. Im zweiten Jahr standen dem Team Renault-Motoren zur Verfügung. Sowohl dem Belgier Thierry Boutsen wie dem Franzosen Erik Comas war gekündigt worden, und man versprach sich viel von Hills Erfahrung mit den Motoren, die ja auch die Williams antrieben.

Bei Williams hatte Damon Hill zwei wichtige Verbündete. Der technische Direktor Patrick Head und der Chefdesigner Adrian Newey waren von den Leistungen ihres Testfahrers beeindruckt.

Head: „In seinem ersten Jahr als Testfahrer hatten wir ihn nicht als potentiellen Grand-Prix-Piloten für uns eingeschätzt. Doch von Mitte 1992 an wurden seine Leistungen immer besser. Er wurde schneller und entwickelte sich weiter. Das lag vermutlich auch daran, daß er sich im ersten Jahr selbst als Testfahrer sah. Doch das änderte sich, als er verzweifelt versuchte, sich mit dem Brabham zu qualifizieren. Und er wollte 1993 kein Testfahrer mehr sein. Es war wohl eine mentale Sache. Er wollte natürlich am liebsten für uns fahren, doch er wollte auch zeigen, daß er für ein anderes Team fahren konnte. Er strengte sich daher offensichtlich immer mehr an.“

Anfang Dezember 1992 sollten sich die Anstrengungen auszahlen. Ein äußerst nervöser Damon Hill machte sich auf den Weg nach Didcot, ins Williams-Hauptquartier. Dort erklärte ihm ein gut gelaunter Frank Williams, daß er das Cockpit bekommen würde. Als Gehalt gab es 300 000 Pfund, und das Team hatte die Option, den Einjahres-Vertrag zu verlängern.

Das Geld hatte in diesem Moment keine Bedeutung. Hill wäre auch ohne Honorar gefahren. Mit 32 Jahren nicht mehr ganz taufrisch und nach gerade zwei Grand-Prix-Einsätzen hatte er den Jackpot der Formel 1 geknackt.

• KAPITEL FÜNF •

Leben in der ersten Reihe

Bei Williams standen für die Saison 1993 mit Alain Prost und Damon Hill zwei neue Piloten auf der Gehaltsliste. Im allgemeinen setzen Formel-1-Teams auf Kontinuität und tauschen daher selten auf einen Schlag die beiden wichtigsten Angestellten aus.

Doch so ganz neu war Hill ja nicht im Team und sorgte so neben Prost für Beständigkeit. Damon hatte zwar noch kein Rennen für das Team bestritten, kannte aber dank seiner Testfahrten die Mannschaft.

Hill hatte keinerlei Probleme mit den Mechanikern. Er war beliebt, weil er sich im Gegensatz zu Mansell nicht aufplusterte und den Mechanikern auf die Nerven ging.

Er hatte auch den Vorteil, die technischen Veränderungen am FW15C genau zu kennen. Im Sommer zuvor hatte die internationale Motorsportbehörde FIA beschlossen, daß die Monoposti in Zukunft auf schmaleren Reifen rollen mußten, was einige Veränderungen am Fahrwerk bewirkte. Damon hatte den neuen Wagen schon getestet, als er noch nicht damit rechnen konnte, einmal zum Grand-Prix-Team zu gehören.

Für seine Fans, die ihn schon als Mansells Nachfolger handelten, waren die folgenden Wochen ein Geschenk des Himmels. In den Testfahrten vor Saisonbeginn stellte sich Damon als ebenso schnell, wenn nicht mitunter etwas schneller als sein Teamkollege heraus.

Der Nachwuchsfahrer aus England lieferte dem Weltmeister aus Frankreich einen harten Kampf, was einige Zeitgenossen vermuten ließ, daß Prost vielleicht seinen Kampfgeist verloren hatte. Doch wer Genaueres über die wahren Kraftverhältnisse wissen wollte, der mußte die Saisoneröffnung am 14. März in Südafrika abwarten.

Für Damon Hill war es die Feuertaufe. Im Gegensatz zu seinen bisherigen Rennerlebnissen mußte er nicht mehr ständig in den Rückspiegel blicken, um den Verkehr nicht aufzuhalten. Er saß nun in einem Wagen, mit dem er ohne Probleme unter die ersten Vier fahren konnte. Nun mußten die anderen ihn beachten.

Am Ende des Trainings belegte er den vierten Platz. Die Pole hatte Alain Prost (1:15,699 Minuten) vor Ayrton Senna in seinem McLaren MP4/8 (1:15,784) und Michael Schumacher im Benetton, der drei Zehntel Sekunden vor dem Londoner lag.

Damon hatte beim ersten Training einige Probleme gehabt. „Da ging eine Kontrollampe immer wieder an und dadurch mußte ich ein paar Mal in die Boxen. Doch dann konnte ich einige Runden hinter Senna fahren, was mir viel gebracht hat."

Zu den neuen Regeln gehörte auch eine Verkürzung der Trainingszeiten und eine Begrenzung der Reifensätze pro Wagen und Wochenende. Das bedeutet für die Novizen einigen zusätzlichen Druck, doch Damon wurde sehr gut damit fertig, obwohl er am Ende über seinen vierten Platz enttäuscht war.

Seine fehlende Erfahrung führte dazu, daß er während des zweiten Trainings in dichten Verkehr geriet. Als er schließlich eine freie Strecke hatte, waren seine Reifen schon fünf Runden alt und hatten den notwendigen Grip verloren. Er beendete das Training mit einem Dreher nach dem Versuch, einen sperrigen Lola-Ferrari zu überholen.

Dennoch, der vierte Platz bei seinem ersten Grand Prix für Williams war kein schlechtes Ergebnis. Seine Zeiten waren nur von den beiden Superstars und dem vielversprechendsten Neuling überboten worden. Da wollte Damon Hill auch hin.

Senna gelang ein perfekter Start, während Prost etwas verspätet auf das grüne Licht reagierte, so daß sich Damon Hill vor der ersten Kurve auf einmal als Zweiter hinter dem Brasilianer wiederfand. Doch das war noch ein bißchen zu viel für ihn. In seinem dritten Rennen lag er auf einmal hinter dem legendären Senna auf dem zweiten Platz. Hill kam dem McLaren gefährlich nahe.

Nun übernahm die Aerodynamik die Regie. Hill war seinem Gegner so nahe gekommen, daß die Frontpartie zu wenig Druck bekam und der Bolide sich daher plötzlich zur Seite drehte. Die anderen 24 Wagen konnten dem sich wild von der Strecke drehenden Williams gerade ausweichen. Auch Prost gelang ein glückliches Manöver.

Während sich Prost auf die Jagd nach dem Brasilianer machte, ihn einholte und seinem neuen Team im ersten Rennen den ersten Sieg bescherte, war sein junger Kollege auf den elften Platz zurückgefallen und von der Strecke geflogen, als der Lotus-Neuling Alessandro Zanardi versuchte, ihn zu überholen.

Damon Hill später über das Rennen: „Mein Start war großartig, doch dann war ich Ayrton zu nahe gekommen und es war aus. Der Dreher war ganz alleine mein Fehler. Dann habe ich mich wieder berappelt, doch es war sehr schwer, da zu überholen. Ohne den Dreher hätte ich mich nicht hinten im Feld wiedergefunden und noch mehr Probleme gehabt.

Zanardi ist ein großes Risiko eingegangen, als er an dieser Stelle überholen wollte. Doch ich konnte ihm nicht ausweichen, weil Alliot mit seinem Larrousse-Lamborghini vor mir war."

14 Tage später machte die Formel 1 Station in Sao Paulo, einer Stadt, die auch den oberflächlichsten Besucher davon überzeugt, daß Brasilien nicht nur Surf, Strand und willige Schönheiten zu bieten hat. Der brasilianische Grand Prix findet in Interlagos am Rande der Stadt auf dem Autodromo Carlos Pace statt. Pace hatte das Rennen 1975 gewonnen und war ein Jahr später beim Absturz eines Flugzeugs ums Leben gekommen.

Interlagos war ursprünglich ein sehr herausfordernder, schneller Kurs, doch zwischen 1981 und 1989 fand der brasilianische Grand Prix in Rio auf dem Autodromo Riocentro statt. Als die Formel 1 im Jahre 1990 nach Sao Paulo zurückkehrte, war

Damon im Glück. Bei einer Pressekonferenz 1993 in Didcot wird der Brite als Teamkollege von Alain Prost vorgestellt.

Labatt's
Canon
elf
CAMEL
Labatt's
sparco
Damon Hill

der Kurs so umgebaut worden, daß er alle Sicherheitsauflagen erfüllte.

Der Kurs lebt allerdings auch von seinen Fans, die heimatlichen Fahrern wie Senna und den Fittipaldis, aber auch einem „Ausländer“ wie dem in Rio geborenen Nelson Piquet ihre Ovationen entgegen bringen. Einige Abschnitte der alten Strecke wurden unverändert übernommen.

In der Pause zwischen den beiden Rennen gab es weitere Änderungen im Regelwerk. Nach den in Südafrika gesammelten Erfahrungen mit den verkürzten Trainingssitzungen ging man nun auf das 1992 gültige Format zurück: 90 Minuten freies Training am Freitag und Samstag sowie jeweils 60 Minuten offizielles Training an den Nachmittagen der beiden Tage. Die Wagen durften jeweils 23 Runden an den beiden Vormittagssitzungen und jeweils zwölf nachmittags fahren.

Senna war natürlich bis in die Haarspitzen motiviert, um vor „seinen Publikum“ den Heim-Grand-Prix zu gewinnen. Doch ihm fehlten 60 PS im Vergleich zu den beiden Williams, und daher mußte er sich mit dem dritten Startplatz bescheiden.

Damon Hill meinte, daß er wesentlich besser gewesen sei als bei seinem Debüt in Südafrika, obwohl „es sehr schwer ist, die Grenzen des Wagens auf einer Strecke zu erfahren, die ich nicht kenne.“ Prosts Streckenkenntnisse ließen sich auch an der einen vollen Sekunde, die er besser als Hill war, ablesen. Damon war zufrieden, daß er 0,8 Sekunden vor Sennas McLaren lag.

Tatsächlich hatte Damon davon überzeugt werden müssen, nicht die Zeit von Alain Prost anzugreifen. „Es sieht hier draußen sehr gut aus“, funkte er in die Box. „Nein“, antwortete Frank Williams. Pause. „Es sieht hier aber wirklich gut aus, Frank“, antwortete Damon. „Nein, Damon. Ich will Dich nicht dem zusätzlichen Druck aussetzen, von der Pole starten zu müssen.“ Damit war das Thema erledigt.

Für den Renntag waren Schauer vorhergesagt. Prost unterstrich im Warm-up seine Dominanz, indem er 1,2 Sekunden schneller als Hill unterwegs war. Daher war es auch nicht überraschend, daß Prost im Rennen problemlos die Führung übernahm. Am Ende der ersten Runde war er 1,4 Sekunden vor Senna, der inzwischen Hill überholt hatte.

Der Boss paßt auf – Frank Williams beobachtet seinen neuen Angestellten.

Damon Hill auf Testfahrt in Estoril. Der Wagen trägt die Nummer 0, weil sich der amtierende Weltmeister Nigel Mansell in die Indycar-Serie verabschiedet hatte.

Rechts: *Damon Hill bei seinem ersten Rennen für Williams 1993 im südafrikanischen Kyalami.*

Erst in der elften Runde fühlte sich Damon sicher genug, Senna anzugreifen und zu überholen. Senna machte dem britischen Neuling keine Schwierigkeiten und ließ ihn vorbeiziehen. „Irgendwie hatte ich das Gefühl, daß er sich ein Bild von meiner Fahrweise machen wollte", meinte Hill nach dem Rennen.

Die beiden Williams rollten vor dem Feld. Doch diese Dominanz sollte nicht lange dauern. Ein heftiger Schauer jagte die Piloten in die Boxen, wo sie sich mit Regenreifen eindeckten.

Am Ende der 28. Runde steuerte Damon die Boxen an und innerhalb von 8,05 Sekunden wurden die Regengummis aufgezogen. Prost, der eigentlich in der nächsten Runde erwartet wurde, hatte Funkstörungen, gerade als er die Boxen ansteuern wollte. Der Franzose mußte sich innerhalb kürzester Zeit entscheiden und blieb noch eine Runde lang draußen. Er nahm an, daß Damon noch in der Boxengasse stand. Auf jeden Fall eine Runde mehr oder weniger, so schlimm würde es nicht werden.

Tatsächlich war es eine krasse Fehlentscheidung. Der Regen war noch stärker geworden. Christian Fittipaldi hatte sich mit seinem Minardi gedreht und stand genau auf Prosts Ideallinie. Alains Williams geriet in eine Pfütze und begann sich langsam zu drehen, berührte den Minardi und ging von dort in den Kies. Prosts Rennen war zu Ende.

Hill lag nun plötzlich in Führung, doch nachdem sich einige Wagen gedreht hatten, brachten die Verantwortlichen den Pace Car auf die Strecke und Damons Vorsprung war dahin. Nachdem der Schrott von der Strecke geräumt worden war, ging das Rennen weiter. 37 von 71 Runden waren absolviert.

Im vierten Grand Prix seiner Karriere lag Damon Hill an der Spitze. Und das vor dem vermutlich besten Fahrer seiner Zeit, Ayrton Senna. Nur wenige Neulinge mußten diesen Druck zu einem so frühen Zeitpunkt verarbeiten.

Fünf Runden lang führte Damon das Feld an, um dann in die

Canon
RENAULT
F1
Canon
elf
CAMEL
CAMEL
Labatt's
SEGA
elf
RENAULT
elf
SEGA
CAMEL
RACING

Boxengasse zu schießen, um sich mit Slicks auszurüsten. Senna hatte sich eine Runde vorher ebenfalls dazu entschlossen. Nach dem Wechsel schaffte es Damon, noch vor Senna auf die Strecke zu fahren.

In der 42. Runde schließlich sah Senna seine Chance. In einer langsamen Rechtskurve quetschte er sich innen an seinem Konkurrenten vorbei. Es war eng und Damon hatte angenommen, daß sich Senna verschätzt hatte. Da lag er falsch.

Nun war es an Hill, Senna unter Druck zu setzen. Der Vorsprung des McLaren schwankte zwischen 0,5 und 1,7 Sekunden. In der 50. Runde verbremste sich Damon und der Vorsprung wurde größer. Das bremste den Briten jedoch keineswegs. Im 53. Durchgang fuhr er seine schnellste Runde und hatte Sennas Vorsprung auf knapp eine Sekunde verkürzt. Doch dann nahm er den Fuß vom Gas und gab sich mit dem zweiten Platz zufrieden.

„Es war ein phantastisches Rennen“, meinte Damon nach der Siegerehrung. „Es gab durchaus eine Chance zu gewinnen, doch am Ende war Ayrton zu stark, und ich wollte auch unbedingt meinen zweiten Platz behalten. Der Verkehr war ziemlich dicht, als Senna mich nach unseren Reifenwechseln angriff. Ich mußte zwei Dinge bedenken. Zum einen hatte ich mein erstes Rennen nicht beendet und zum anderen war Alain draußen, und da war es schon wichtig, daß wenigstens ich das Auto nach Hause brachte. Außerdem haben die vorderen Reifen abgebaut. Vorsicht war das entscheidende Wort während der letzten Runden.“

Nach zwei der 16 Rennen lag Damon mit seinen sechs Punkten aus dem Grand Prix in Interlagos zusammen mit Landsmann Mark Blundell auf dem dritten Platz. Senna führte die WM-Wertung mit 16 vor Prost mit zehn Punkten an.

Vom Programmheft des europäischen Grand Prix in Donington Park am 11. April lächelte Damon Hill. Mit dem Rennen kehrte die Formel 1 zu einer traditionsreichen Strecke zurück. Schon 1937 und ‘38 hatten sich hier schon Mercedes-Benz und Auto Union spannende Kämpfe geliefert. Danach war es um die Strecke ruhig geworden.

Das Wetter zeigte sich an diesem Oster-Wochenende von

seiner vielseitigen, britischen Seite. Es goß am Freitag, am Samstag strahlte die Sonne, was dem Williams-Duo die beiden ersten Startplätze ermöglichte, und am Renntag schließlich goß es wieder aus Kannen.

76 Runden lagen vor den Piloten, die sich im strömenden Regen aufgereiht hatten. Senna, der vom fünften Platz aus starten mußte, zeigte in der ersten Runde seine ganze Klasse, in dem er alle vor ihm liegenden Fahrer überholte, und in Führung liegend den zweiten Durchgang in Angriff nahm. In der vierten Runde hatte er schon einen Vorsprung von 7,03 Sekunden auf den Franzosen. Hill rollte an dritter Stelle vor dem Jordan von Rubens Barrichello, Alesi (Ferrari) und Michael Schumacher im Benetton.

Prost hielt sich in den ersten Runden zurück und verringerte auf abtrocknender Strecke Sennas Vorsprung auf 3,4 Sekunden. In Runde 19 (eine später als Senna) wechselte er auf Slicks, zerstörte sich aber drei Runden später alle Chancen, als er zu früh wieder auf Regenreifen wechselte.

Die beiden Williams-Piloten litten außerdem noch unter falsch eingestellten Heckflügeln und hatten außerdem Probleme, die Drehzahlen dem halbautomatischen Getriebe anzupassen. Es war nicht sehr erfreulich.

Am Ende lag Hill auf dem zweiten, Prost, von Senna überrundet, auf dem dritten Platz. Hill über die Bedingungen: „Es war wie in einem Alptraum. Wirklich die schlimmsten Bedingungen, in denen man fahren kann. Ich habe keine Ahnung, wie ich Zweiter geworden bin. Die meisten Zeit habe ich keine Ahnung gehabt, was um mich herum geschah. Immer wieder änderten sich die Bedingungen, so daß man nicht sagen konnte, welche Reifen man hätte nutzen sollen. Vielleicht wäre es sogar möglich gewesen, das ganze Rennen auf Slicks zu fahren."

Damon hatte das bestmögliche Ergebnis für das Team gerettet. Dennoch war Frank Williams mit Prosts Leistung unzufrieden und zeigte es auch. „Es ist offensichtlich, daß Alain seinen ersten Reifenwechsel taktisch sehr gut geplant hat. Sein Wechsel zurück auf Regenreifen war nicht klug und damit war das Rennen entschieden", meinte Williams in beachtlicher Offenheit.

Großes Bild: *Ein kleiner Dreher beim Training zum Grand Prix von Südafrika 1993.*

Kleines Bild: *Eine zuversichtliche Ehefrau Georgie Hill in Kyalami.*

GOODYEAR
EAGLE
Bull

Damon Hill fädelt sich in das Cockpit des Williams FW15C.

Ann Bradshaw, bei Williams für die PR zuständig, schützt Hill vor der stechenden brasilianischen Sonne in Interlagos.

Williams ging sogar noch weiter: „Es überrascht mich, daß ein so erfahrener Pilot wie Alain solche Fehler unterlaufen, doch vielleicht liegt es daran, daß er nicht gerne auf Nässe fährt. Alle Reifenwechsel werden übrigens von den Fahrern veranlaßt und verantwortet. Es ist falsch anzunehmen, daß irgend jemand anders diese Entscheidungen trifft."

Natürlich war Prost von dieser deutlichen Kritik nicht sonderlich angetan. Erst später erklärte er, daß er damals ernsthaft an einen Rücktritt gedacht hat.

Mit ihrem Versuch, die Angelegenheit zu entschärfen, schütteten Renault und Williams noch weiteres Öl ins Feuer. Am nächsten Tag veröffentlichten sie eine gemeinsame Presseerklärung. In der hieß es: „Die Solidarität, die Williams, Renault, die beiden Fahrer Alain Prost und Damon Hill vereint, besteht in Niederlagen ebenso wie bei Siegen. Handlungen sind immer Teamsache und werden nicht einzelnen Personen zugeschrieben."

Die Spannungen beeinflußten Damon nicht im geringsten. Er hatte in Donington eine hervorragende Leistung gezeigt. Nun begann er mit der Vorbereitung auf die vierte Runde in Imola beim Grand Prix von San Marino.

Prost hätte eigentlich mit Leichtigkeit die 24. Pole Position seiner Laufbahn einfahren sollen, doch am Freitag wurde er das Opfer technischer Probleme und beendete den Tag 0,2 Sekunden hinter Damon Hill.

Beim Training für einen Grand Prix ist das perfekte Timing entscheidend über Sieg oder Niederlage. Das gilt auch für die ganz und gar nicht bedeutungslosen 90minütigen Sitzungen, deren Zeiten nicht für die Startaufstellung zählen, aber dafür um so wichtiger für die Einstellung der Monoposti sind. Daher waren Prosts Chancen nicht die besten, nachdem er mit dem Ferrari von Jean Alesi kollidiert war und die beiden Rennwagen am Streckenrand parkten.

„Es ist ein schönes Gefühl, meinen Namen an der Spitze zu sehen. Auch die provisorische Pole Position ist für mich schon ein Meilenstein", meinte Damon nach dem Freitag-Training. „Seit meinem zweiten Platz in Donington fühle ich mich wesentlich selbstbewußter. Ich wußte, daß Imola für mich und den Wagen gut werden würde."

Rechts: *Seht her, ich hab's geschafft. Damon feiert seinen zweiten Platz in Donington Park.*

Auch am Samstagmorgen war Damon um 0,3 Sekunden schneller als Prost. „Ich kann gar nicht glauben, wie leicht der Wagen hier zu fahren ist. Es ist schon sagenhaft, wie problemlos hier die Zeiten kommen", meinte ein sichtlich zufriedener Damon Hill.

Im zweiten offiziellen Training verhinderten die beiden Jordan von Rubens Barrichello und Thierry Boutsen, daß Damon seine erste Pole Position einnehmen konnte. Prost holte sich den ersten Startplatz mit einem Vorsprung von weniger als einer Zehntelsekunde.

Doch das Wetter machte allen Voraussagen wieder einen Strich durch die Rechnung. Als sich die Autos hinter der Startampel aufbauten, regnete es.

Auf der glatten Strecke hatte Hill wieder einen sensationellen Start und übernahm die Führung. Senna hatte Prost vom zweiten Platz verdrängt und machte sich auf die Verfolgung des Briten. Der Brasilianer glaubte wohl, daß, nachdem er Prost mit Leichtigkeit überholt hatte, Hill ebenfalls kein Problem darstellen dürfte.

Beide Autos näherten sich der Tosa-Haarnadelkurve. Senna wollte auf der Innenseite überholen und die Spitze übernehmen, als Hill die „Tür zumachte" und der Brasilianer in die Bremsen steigen mußte.

Am Ende der ersten Runde hatte Hill einen Vorsprung von 1,8 Sekunden auf Senna, der Prost noch immer blockierte. Senna spielte nun jeden Trick, den er kannte, um Prost am Überholen zu hindern, was auf der anderen Seite Damon half, seinen Vorsprung zu vergrößern. Als Prost endlich am Brasilianer vorbeikam, hatte Damon Hill einen Vorsprung von 8,6 Sekunden.

Der Grand Prix von San Marino wurde nun eine Übung in Taktik. Die Strecke trocknete ab, was Senna veranlaßte, direkt nachdem Prost ihn überholt hatte, Slicks abzuholen. Eine Runde später war Prost in seiner Box zu Gast, und Damon wartete bis Runde elf, bevor er sich mit den profillosen Reifen versorgte.

SEGA
SEGA
SEGA
SEGA
GOODYEAR
elf
Labatt's
CHAMPION

Auch nach dem Wechsel lag er noch in Führung.

Senna und Prost hatten Hill im Blick, als sich die drei Wagen Tosa näherten. „Irgendwie hielt ich Senna in Schach, als ich aus der Box kam“, erinnerte sich Damon, „doch auf einer feuchten Stelle bei Tosa geriet ich ins Rutschen und plötzlich aus dem Nichts überholte uns Alain. Und dann lag auch noch Ayrton auf einmal neben mir und auf einmal war ich nur noch Dritter.“

In der 20. Runde verlor Damon 2,5 Sekunden, als sich Barrichello vor ihm drehte. In der nächsten Runde drehte er sich selbst beim Versuch, Zanardis Lotus zu überrunden, von der Strecke. Sein Rennen war zu Ende.

Nach dem Rennen wurde Damon zu Ayrton Senna gebeten. Der Brasilianer beklagte sich darüber, daß Hill es gewagt habe, sich ihm in den Weg zu stellen. „Ich habe ihm erklärt, daß ich diese Fahrweise von ihm übernommen hätte. Darauf ist ihm keine Antwort mehr eingefallen.“

Das nächste Rennen, der spanische Grand Prix, fand auf dem Circuit de Catalunya statt, auf dem er ein Jahr zuvor die ersten Gehversuche mit dem Brabham BT60B in der Formel 1 gemacht hatte. Die Williams hatten nun ein elektronisches Gaspedal, mit dem man den Piloten die Gangwechsel erleichtern wollte.

Hill war nach dem ersten Training sichtlich enttäuscht, weil er hinter Prost und Senna nur den dritten Platz belegte.

Am Samstag entspann sich zwischen den beiden Williams-Piloten ein spannender Kampf um die Pole Position, die schließlich Prost für sich entschied und sich damit die Bewunderung der gesamten Mannschaft, einschließlich Hill sicherte. „Ich habe wirklich geglaubt, ich hätte genug getan, um auf Pole stehen zu können. Man darf eben Alain Prost nie unterschätzen“, meinte Hill nach dem Training.

Der Start verlief nach dem inzwischen bewährten Muster. Hill nutzte eine Unsicherheit seines Kollegen, der Probleme mit der halbautomatischen Schaltung hatte, und ging in Führung. Senna folgte dem Williams-Duo.

Am Ende der ersten Runde lag Hill 0,8 Sekunden vor Prost. Der Franzose gab sich mit dieser Position nicht zufrieden und überholte Hill schließlich. Bis zur 21. Runde hatte er einen

Vorsprung von gerade 2,6 Sekunden auf seinen Teamkollegen herausgefahren, doch die gingen verloren, als er den Engländer Derek Warwick überrunden wollte. Der war in einem harten Kampf mit Mark Blundell um den 15. Platz verwickelt und machte daher nicht sofort Platz.

Hill war nun wieder direkt am Heck von Alains Wagen und suchte nach einer Lücke, um überholen zu können. Die beiden Williams rasten die nächsten 20 Runden als Doppelpack um den Kurs, bis in Runde 40 (von 65) Damons Motor in einer Rauchwolke explodierte.

Damon war sicher, daß er hätte gewinnen können. „Es war ein sehr enttäuschendes Ende. Ich hatte die Situation unter Kontrolle und habe immer wieder nach Möglichkeiten gesucht, Alain zu überholen. Ich hatte einen sensationellen Start, aber nach ein paar Runden lag Alain in Front. Ich hatte mich zunächst darauf eingestellt, ihn zu beobachten – er hat schließlich so viel Erfahrung. Und dann muß der Motor explodieren."

Alain fuhr zu seinem 47. Sieg und betonte nach der Sieger-

Wie steht die Konkurrenz? Hill, Chefdesigner Adrian Newey und Frank Williams vor dem Computer.

Großes Bild: *In Führung beim Grand Prix von San Marino in Imola. In der Tosa-Kurve sollte er sich später von der Strecke drehen.*

Kleines Bild: *Regenschlacht in Donington. Am Ende lag er auf dem zweiten Platz – vor dem großen Alain Prost.*

elf
RENAULT
canon
SEGA
Bull
GOODYEAR

ehrung, daß es keine Teamorder gab und sein jüngerer Kollege ihm einige Kopfschmerzen bereitet hatte. Prost: „Ich glaube, wenn er so weiter gefahren wäre, hätte ich einige Probleme bekommen. Das Rennen war körperlich sehr anstrengend. Ich habe im allgemeinen keine Probleme, heute aber einige. Am Anfang des Rennens lag der Wagen sehr gut, ließ aber im Laufe des Rennens stark nach. Damon war sehr nahe dran, doch nach dem Motorplatzer ging es leichter."

Damon aber war zum zweiten Mal ausgefallen, und weil Schumachers Benetton auf den dritten Platz gefahren war, lag Hill nun in der WM-Wertung an vierter Stelle hinter dem Deutschen. Und nun stand Monaco auf dem Programm, wo Damon zum ersten Mal versuchen wollte, ernsthaft in die Fußstapfen seines Vaters zu treten.

„Monaco ist nicht etwa wichtig für mich, weil mein Vater hier fünfmal gewonnen hat, sondern weil es ähnlich wie Le Mans oder Indianapolis eine der berühmtesten Strecken der Welt ist", so Damon 1992, als er mit seinem Brabham vergeblich versuchte, sich für das Rennen zu qualifizieren. Beide Rennen waren übrigens von seinem Vater gewonnen worden.

Ein Jahr später, als er mit dem Williams in Monaco Station machte, erklärte er auch überaus deutlich, daß er an seinen eigenen Leistungen und nicht denen seines Vaters gemessen werden wollte. „Die Leistungen meines Vaters hier haben absolut nichts mit dem zu tun, was ich hier mache. Sie sind auch keine Motivation für mich. Es wäre aber doch schön, hier zu gewinnen. Monaco ist immer eine schwierige Strecke. Es ist ein Straßenkurs, was bedeutet, daß es an Grip fehlt und die Strecke im Laufe des Wochenendes immer schneller wird.

Es war so gut wie unmöglich, im letzten Jahr den Brabham hier zu qualifizieren, weil ich mich vor dem Casino drehte und quer durch Monaco hetzte, um wieder in die Box zu kommen."

Ganz geschickt verstand er es, die von den Medien angefachten Erwartungen zu dämpfen: „Das Training wird sehr nervig werden, weil hier das Trainingsergebnis so wichtig ist. Ich glaube auch nicht, daß der FW15C so gut für Monaco wie für andere Pisten geeignet ist. Ich glaube nicht, daß er sich auf Stadtkursen sehr wohlfühlt."

Man sollte dies nicht unbedingt als Entschuldigung vorab auffassen. Er wollte nur alle Enthusiasten auf den Boden der Wirklichkeit holen.

Monaco ist in der Tat eine Strecke, die nicht unbedingt in die moderne Welt des Motorsports paßt. Im Vergleich zu den anderen Strecken kommt die Sicherheit hier natürlich zu kurz. Doch das Rennen hier ist fester Bestandteil im gesellschaftlichen Leben der Schönen und Reichen.

Damon fuhr im ersten Training hervorragend und schlug den lange Zeit führenden Alain Prost um 0,6 Sekunden. „Es war nur eine Frage, im richtigen Moment rauszufahren. Die Strecke trocknete schnell und da habe ich eben alles richtig gemacht", erklärte er seinen teaminternen Sieg.

In der zweiten freien Sitzung gingen die Dinge nicht so glatt über die Bühne. Nach dem Tunnel, mit gut 270 km/h, drehte sich Damon plötzlich von der Strecke und verschwand in einer Rauchwolke im Notausgang. Wie durch ein Wunder stieß der Wagen nirgendwo an.

Im Gespräch mit Louis Schweitzer, Vorstandsvorsitzender von Renault, dem Lieferanten der kraftvollen Motoren.

Damon Hill vor Prost und Senna beim spanischen Grand Prix 1993 in Barcelona. Nur ein Motorschaden verhinderte seinen ersten Sieg.

Wieder in Führung. Dieses Mal in Kanada. Wieder siegte Prost. Hill kam hinter Schumachers Benetton auf den dritten Rang.

Natürlich wäre es leicht gewesen, dem Fahrer die Schuld zu geben, doch Aufnahmen von seiner Heckkamera zeigten, daß die linke hintere Aufhängung gebrochen war. Das bedeutete Überstunden für die Williams-Mechaniker. Schon an Prosts Wagen hatte der hintere Dreieckslenker ersetzt werden müssen.

Am Ende des offiziellen Trainings fand sich Damon an vierter Stelle wieder. Vor ihm lagen Michael Schumacher, Ayrton Senna und Alain Prost. „Natürlich bin ich enttäuscht, daß es nicht schneller gegangen ist. Doch die Reifen spielten nicht mit. Aber wenn ich am Ende des Rennens auf dem Podium stehen könnte, wäre ich begeistert."

Bette Hill war in der Boxenstraße, mit der sich so viele Erinnerungen verbanden. „Ich bin so stolz auf Dich", sagte sie, als sie ihren Sohn umarmte. „Ich weiß", erwiderte ihr Sohn. Es war schon bewundernswert, wie sehr sie sich zurückgehalten hatte, als ihr Sohn in die Formel 1 einstieg.

Beim Start bewegte sich Prosts Wagen ein wenig, bevor die grüne Flagge geschwenkt wurde, was dem Franzosen eine Zehn-Sekunden-Strafe in der Boxengasse eintrug und seine Chancen auf den Sieg zerstörte. Schumacher übernahm die Führung bis zur 32. Runde, als er seinen Benetton mit Hydraulikschaden abstellen mußte. So erbte Senna, der sich im Training die Hand verstaucht hatte, eine komfortable Führung, und Damon Hill lag auf dem zweiten Platz.

Hill mußte sich freilich der Angriffe der Ferrari von Alesi und Berger erwehren, die stets dann aufholten, wenn der Engländer langsamere Konkurrenten überrunden mußte. In der 28. Runde lief er wieder auf Alessandro Zanardi auf, der sich wieder als schwieriges Hindernis herausstellen sollte.

Hill: „Ich habe im Verkehr viel zu viel Zeit verloren. Doch das ist Teil des Lernens in Monaco. Ich war sehr vorsichtig. In Wahrheit muß man aber an einigen Stellen einfach die Muskeln spielen lassen. Vor allem hinter Brundle und Andretti habe ich viel zu viel Zeit verloren."

Nach dem Ausfall von Schumacher war Damon der einzige Pilot, der dem Brasilianer den Rekord eines sechsten Sieges in Monaco hätte streitig machen können. In der 35. Runde lag der

CAMEL
SEGA SEGA
elf
Arai
HILL
RENAULT
Labatt's
SEGA

Links: *Kopf runter und los.*

Williams 13,9 Sekunden hinter dem McLaren. Näher kam er nie und gegen Ende des Rennens konnte es sich Senna sogar leisten, zur Sicherheit noch einmal frische Reifen aufziehen zu lassen.

Acht Runden vor dem Ende hatte Senna einen Vorsprung von 9,4 Sekunden auf Hill, der sich allerdings der Angriffe Bergers erwehren mußte. In der Loews-Kurve versuchte der Österreicher ein Überholmannöver, berührte den Williams und beide Boliden drehten sich.

Damon Hill schaffte es jedoch, den Motor nicht absterben zu lassen und konnte das Rennen fortsetzen. „Ich wollte ihm einfach keinen Platz lassen, daher habe ich zugemacht, und er hat mich gerempelt. In diesen letzten Runden hatte ich Angst, er hätte die Aufhängung beschädigt."

Hill erfüllte die realistischen Erwartungen bei seinem ersten Auftritt in Monaco. Trotz seines verletzten Handgelenks steuerte Senna seinen McLaren siegreich ins Ziel.

„Vor 30 Jahren hat mein Vater hier zum ersten Mal gewonnen, und ich bin sicher, er wäre der Erste, der Ayrton zu seinem Rekordsieg gratuliert hätte", meinte Damon nach dem Rennen. „Es ist schon eine besondere Ehre für meinen Vater, daß es einen Fahrer wie Ayrton Senna benötigt hat, um seinen Rekord von fünf Siegen zu brechen." Senna konnte sehen, daß diese Worte ehrlich gemeint waren. Der Brasilianer schüttelte still Damons Hand. Damon hatte darauf verzichtet, sich in Plattitüden zu ergehen. Ayrton schätzte das.

In der Weltmeisterschaft lag Damon nun nach Schumachers Ausfall wieder auf dem zweiten Platz. Das nächste Gastspiel des Formel-1-Zirkus war für Montreal vorgesehen.

Im Jahre 1993 stand die Stadt Montreal ganz im Zeichen der Eishockeyspieler. Die Montreal Canadiens hatten nämlich am Mittwoch vor dem Grand Prix den Stanley Cup geholt, was einige Fans veranlaßt hatte, die halbe Innenstadt auseinanderzunehmen. Die kanadische Metropole war also noch damit beschäftigt, sich vom Kater zu erholen und nahm die Schar internationaler Rennfahrer kaum zur Kenntnis.

Großes Bild: *Damon Hill liegt im britischen Grand Prix in Führung vor Prost. Doch dann explodierte der Motor.*

Kleines Bild: *Hockenheim zeigte sich wieder von der unangenehmen Seite. In Führung liegend beendete kurz vor Schluß ein defekter Reifen alle Träume vom Sieg.*

Canon
Canon
Canon

Hill war bei seiner Ankunft an der Strecke sehr optimistisch. „Hier kenne ich mich aus. Hier paßt alles. Außerdem können wir von unserem elektronischen Gaspedal profitieren, weil man hier aus hohen Geschwindigkeiten in den ersten Gang bremsen muß und man sich nun besser auf den Wagen konzentrieren kann.“

Doch Prost dominierte – und das deutlich. Er holte sich die Pole Position mit dem Vorsprung einer vollen Sekunde. „Alain“, so Damon, „kommt diese Art Strecke sehr entgegen. Er kann die Bedingungen besser beherrschen als ich.“

Die ersten drei Reihen der Startaufstellung hatten etwas von Noahs Arche: Hinter den beiden Williams standen die beiden Benetton und dann die beiden Ferrari. Ein von technischen Problemen gepeinigter Senna stand auf dem siebten Platz.

Das Rennen sollte für Hill enttäuschend verlaufen. Er kam zwar als Erster vom Start weg, wurde jedoch von Prost in der ersten Runde ausgebremst und mußte sich dann mit dem hart

Letzte Vorbereitungen vor dem Start.

angreifenden Senna auseinandersetzen, der in der ersten Runde vier Plätze gutgemacht hatte.

Hill konnte dem Druck ganz hervorragend widerstehen, doch als er sich neue Reifen holte, fiel sein Rennplan vollends auseinander. 16,3 Sekunden verbrachte er in der Boxengasse, weil man ihm zunächst versehentlich Reifen aus Prosts Kontingent aufgezogen hatte. Senna hatte nun den zweiten Platz und behielt ihn auch während seines eigenen Wechsels.

Hill war nun Vierter. Senna mußte dann das Rennen aufgeben, so daß am Ende noch ein dritter Rang hinter Prost und Schumacher heraussprang. „Auf den neuen Reifen war ich gar nicht so gut unterwegs, wie ich gedacht hatte. Außerdem machte der Motor am Ende seltsame Geräusche, so daß ich mich darauf konzentriert habe, den Wagen nach Hause zu bringen."

Der kanadische Grand Prix hatte aber noch eine bedrohliche Seite. Der technische Delegierte der FISA meinte, daß die aktiven Fahrwerke nicht im Einklang mit den Regeln seien. Dahinter stand ein taktischer Zug, um so den Teams mitzuteilen, daß diese Hilfen 1994 auf jeden Fall verboten sein würden. Und wenn man diese nicht akzeptieren wollten, dann könnte man sie auch direkt verbieten.

Das Williams-Team war aufmerksam geworden und Frank Williams sowie Patrick Head kamen zu dem wohl treffenden Schluß, daß man zu erfolgreich gewesen sei. Die FISA wollte ihren technischen Vorsprung brechen und da war jedes Mittel recht. Es war eine, höflich ausgedrückt, beunruhigende Situation.

Damons Beziehung zu Alain Prost hatte sich eingespielt. Die beiden waren keine Freunde, kamen aber gut miteinander zurecht. Diese Situation war bei Top-Teams ja nicht unbedingt selbstverständlich.

„Wir haben eine professionelle Beziehung", so Damon, „wir müssen ja nicht unbedingt Freunde sein, aber man muß miteinander auskommen."

War es nun eine Beziehung zwischen Lehrer und Schüler oder zwischen zwei Gleichberechtigten? „Alain steht unter keinem Zwang, mir zu helfen. Das ist nicht sein Job. Wenn ich aber etwas wissen will, dann frage ich ihn und er sagt es mir.

Doch darum geht es nicht. In der Formel 1 mußt Du lernen, Dir zu helfen. Wenn ich aber absolut nicht weiter weiß, dann frage ich ihn. Ich wäre doch blöd, würde ich nicht versuchen, von Alain Prost zu lernen."

Was kann man von Prost lernen: „Seine Konzentrationsfähigkeit ist sagenhaft. Er verbringt an einem Rennwochenende kaum eine Minute, ohne daß er darüber nachdenkt, was noch erledigt werden muß. Er investiert viel Arbeit, viel mentale Kraft."

Im Juli 1993 wurde viel über die Williams-Taktik bei den Rennen in Frankreich (Magny-Cours) und England (Silverstone) diskutiert. Wenn Alain „seinen" Grand Prix in Frankreich gewinnen sollte, dann, so die Überlegungen, würde man Damon erlauben, in England zu gewinnen.

Mit der Formulierung „erlauben zu siegen" konnte man Damon auch unrecht tun und seine bisherigen Leistungen abwerten. Bei ersten Tests auf dem ehemaligen Militär-Flughafen war Damon sehr schnell, und es gab eigentlich keinen Zweifel daran, daß er im Rennen seinem Kollegen das Leben sehr schwer machen könnte.

Es gab da allerdings noch eine Kleinigkeit. Am Freitag nach dem Rennen in Silverstone wollte die FISA eine Entscheidung über die Legalität des in einigen anderen Rennen benutzten Sprits bekanntgeben. Gerüchte wollten ganz genau wissen, daß Prost in Barcelona Benzin benutzt hatte, das nicht den Regeln entsprach.

Bei Williams hatte man sich schon auf eine nachträgliche Disqualifikation eingestellt, und daher war fraglich, ob man Prost gestatten sollte, in Silverstone Damon Hill den Vortritt zu lassen.

Doch zuerst ging es um den Grand Prix von Frankreich in Magny-Cours. Ausgerechnet hier entzückte Damon sich selbst und das Team mit seiner ersten Pole Position. Prost hatte schon beim ersten Training Probleme mit der Software für das ABS und hatte sich in seiner zweiten Runde von der Piste gedreht.

Sein Wagen blieb draußen auf der Piste, und diese Zeit konnte er im weiteren Verlauf nicht aufholen. Prost verzichtete am Samstag auf das ABS, konnte aber die Zeiten seines Kollegen

Auf dem Weg zu seinem dritten Sieg in Folge. Mit dem Sieg im italienischen Grand Prix 1993 gelang Damon Hill ein sauberer Hattrick.

HITACHI
Canon
RENAULT
elf

Kleines Bild: *Nachdem er von der letzten Startposition aus ins Rennen gehen mußte, stürmte er im portugiesischen Grand Prix auf den dritten Platz. Hier setzte er zum Überholen von Barrichello im Jordan an. . .*

Großes Bild: *. . . und beendet das Manöver in überzeugender Manier.*

nicht schlagen. Hill hatte Glück, daß ein Zusammenstoß mit Alboretos Lola-Ferrari glimpflich ausging.

Seine erste Pole war ihm sicher, und direkt nach dem Start des Rennens holte er einen Vorsprung von 1,6 Sekunden auf Prost heraus. Das Rennen fand eigentlich nur noch zwischen den beiden Williams statt. Die hatten schon in der achten Runde einen Vorsprung von 11,6 Sekunden auf Martin Brundles Ligier. Hill gab die Führung bis zur 27. Runde nicht ab, als er Prost den ersten Platz wegen des Reifenstopps überlassen mußte. Der ließ zwei Runden später die Reifen wechseln und lag nun knapp vor seinem britischen Kollegen.

Damon Hill war in der Boxengasse zunächst von Andrettis McLaren und dann von einem Sauber aufgehalten worden. Dem Sauber konnte er gerade noch ausweichen und verhinderte so einen schweren Unfall.

Am Ende lag Alain Prost mit 0,3 Sekunden vor Damon Hill. Williams hatte den ersten Doppelsieg der Saison errungen. Wie würde die Reihenfolge in einer Woche auf der Insel aussehen?

Alain Prost auf der Pressekonferenz nach dem Rennen: „Stellen Sie mir nicht solche Fragen! Natürlich würde ich mich für Damon freuen, wenn er seinen Heimat-Grand-Prix so wie ich heute gewinnen würde. Aber ich muß auch an den Titel denken."

Auf der anderen Seite gab es aber auch die Meinung von Patrick Head: „Es ist wohl klar, daß wir Damon gebeten haben, heute Alain zu helfen. In Silverstone wird das anders sein."

Dieser Satz elektrisierte die britische Presse. „Warum Damon den britischen Grand Prix gewinnen kann", hieß es in der Schlagzeile des Magazins „Autosport". Patrick Head kam in dem Blatt ausführlich zu Wort: „Wir haben Probleme mit dem aktiven Fahrwerk auf diesem Rennkurs. Es ist ähnlich wie in Barcelona. Damon hat sich dort sehr wohlgefühlt und hätte das Rennen ohne den Motorschaden gewonnen. Ich glaube, der britische Grand Prix wird für uns schwierig werden. Ich würde schon auf Damon wetten. Er hat genug Kraft, um den Wagen auf Kurs zu halten. In Silverstone braucht das Auto eine kräftige Hand, vielleicht eine etwas stärkere als die von Alain."

Bei Williams verbot man sich jegliche Gedanken über die

FISA-Entscheidung der kommenden Woche und machte sich an die Vorbereitungen für den Grand Prix. Damon hatte dabei zunächst nicht die besten Karten.

Am Freitag regnete es in Strömen, der Kurs stand unter Wasser, und nach gerade vier Runden stellte er den Wagen nach einem Dreher auf der Piste ab. Bis dahin hatte er die schnellste Zeit erzielt, und die sollte von den wenigen Wagen auf der Strecke auch nicht unterboten werden. Das hatte freilich keinerlei Bedeutung.

„Unter diesen Bedingungen möchte ich kein Rennen fahren. Bei gut 200 mußte ich auf die Bremsen, und das war's dann auch."

Am Nachmittag übernahm Prost das Kommando und erzielte nach einem harten Kampf mit seinem jüngeren Kollegen die schnellste Zeit und damit die Pole Position. Patrick Head war begeistert. „Genau so soll Motorsport sein. Zwei Kerle, die sich bis zum letzten bekämpfen."

Eines war bereits vor dem Start des Rennens klar. Eine ähnliche Massenhysterie wie im vergangenen Jahr beim Sieg von Mansell war unmöglich. Die Besitzer der Strecke hatten einiges investiert, um die Sicherheit zu erhöhen und die Zuschauer vor ihrer eigenen Unvernunft zu schützen.

Zum Rennen selbst kamen gerade 60 000 Zuschauer. Während der drei Tage waren gerade halb soviel Menschen wie im Jahr zuvor gekommen. Diejenigen, die gekommen waren, genossen das Rennen, wenigstens 41 der 59 Runden. Wie inzwischen üblich, erwischte Damon Hill den besseren Start und lag vor Senna, der Prost ebenfalls überholt hatte, bevor es in die erste Kurve ging.

Hill hatte am Ende der ersten Runde 1,4 Sekunden Vorsprung auf Senna, der jeden Trick ausspielte, um den anderen Williams hinter sich zu lassen. Selbst seine eigenen Fans schüttelten den Kopf über diese Fahrweise. Doch irgendwann entstand eine Lücke, die Prost nutzen konnte.

Damon lag nun 8,1 Sekunden vor dem Franzosen und fuhr ein makelloses Rennen. Der Vorsprung blieb zunächst konstant bei rund acht Sekunden. Erst in der 28. Runde hatte der Franzose bis auf 5,2 Sekunden aufgeholt. Nachdem beide Piloten

Marlboro
Marlboro

Mika Häkkinens McLaren führt die Verfolger von Prost und Senna an, die schon längst aus dem Bild gefahren sind.

Damon Hill mußte im japanischen Grand Prix 1993 hart arbeiten, nachdem er sich nur in der dritten Reihe qualifizieren konnte. Zunächst lag er hinter Schumachers Benetton (oben), dann hinter Bergers Ferrari.

Reifen gewechselt hatten, betrug der Abstand nur noch 1,3 Sekunden in Runde 35, und es sah so aus, als sollte Prost mit seiner ganzen Erfahrung bald vorne liegen. Freilich, den Abstand auf Hill zu verringern, war eine Sache, ihn zu überholen eine andere.

Plötzlich erschien der Pacecar auf der Strecke und sammelte das Feld hinter sich, weil ein Lola-Ferrari an einer gefährlichen Stelle ausgerollt war. Nach drei Runden gemächlicher Fahrt durfte wieder Gas gegeben werden, und Hill holte einen Vorsprung von 1,3 Sekunden heraus. Prost nahm den Kampf an und gerade, als es so aussah, als wollten die beiden in die entscheidende Phase ihres Kampfes gehen, explodierte Damons Motor.

Prost hatte nur noch 18 leichte Runden vor sich und erzielte einen ungefährdeten Sieg. Es war der 50. seiner Laufbahn.

Hill fühlte sich nach dem Rennen „einfach ausgebrannt. Wir hatten nur zwei Motorschäden in dieser Saison, und jedes Mal hat es mich erwischt. Ich bin einfach sauer. Du machst alles richtig und dann stoppt Dich irgend etwas."

Prost konnte den Ärger nachvollziehen: „Ich mag es nicht, so zu gewinnen. Natürlich hatte es Damon verdient, hier zu siegen. Allerdings bin ich mit meiner Leistung zufrieden."

Prost fragte sich auch, ob Damon vielleicht den Motor überdreht hätte. Seine Worte wurden ihm zu Unrecht so ausgelegt, als wolle er seinen Teamkollegen für das Mißgeschick verantwortlich machen. Renaults Cheftechniker Bernard Dudot stellte direkt nach dem Rennen fest: „Keiner unserer Fahrer ist heute auch nur in die Nähe des Drehzahlbegrenzers gekommen. Damons Motor ist plötzlich kollabiert. Es war absolut nicht sein Fehler. Wir sind alle sehr enttäuscht."

Bei der Fehlersuche stellte sich später ein defektes Auslaßventil als Ausfallursache heraus.

Damon kam ziemlich schnell über das Mißgeschick hinweg. Wenn er etwas bei Williams gelernt hatte, dann war es seine Rolle als Teil einer Mannschaft. Gerade für einen Formel-1-Piloten kann dieser Lernprozeß durchaus schwierig sein.

Die Saison näherte sich der Halbzeit und gleichzeitig mehrten sich Gerüchte, wonach Hill durch eine Teamorder in seinem Drang nach vorne gebremst würde. Am Anfang der Saison hätte man diesen Sprüchen nur wenig Glauben geschenkt. Hill war viel zu unerfahren, um für Prost eine Gefahr darzustellen.

Doch seit dem französischen Grand Prix sah die Geschichte etwas anders aus. Damon lernte schnell, wobei es aber auch schwierig war, zu beurteilen, wie sehr sich Prost anstrengte. Dennoch war nicht zu übersehen, daß sich Hill immer mehr zu einem ernsthaften Wettbewerber entwickelt hatte.

„Alain“, so beschreibt Frank Williams seinen Topfahrer, „fährt immer nur so schnell wie es sein muß.“

Außerhalb der Rennstrecke gab es nicht nur gute Nachrichten für das Williams-Team. Die FISA hielt das verwendete Benzin für legal, die Punkte blieben also beim Team, dafür aber wurden die aktiven Fahrwerke für die kommende Saison verboten. Auch heftige Proteste der Teams nach einer nächtlichen Sitzung vor dem deutschen Grand Prix in Hockenheim änderten daran nichts. Die FISA beharrte auf ihrem Standpunkt.

Damon hatte einen Großteil seiner beiden Jahre als Testfahrer mit der Entwicklung dieser Systeme verbracht. Doch das war Vergangenheit. Jetzt ging es dem jungen Mann in erster Linie darum, endlich den ersten Grand Prix zu gewinnen.

Beim Training in Hockenheim wurde er vom Lola-Ferrari des Italieners Michele Alboreto von der Piste gedrängt und fand sich in der Auslaufzone wieder. Damon marschierte in die Box des Italieners, dessen große Zeit als Rennfahrer längst vorüber war, und versuchte ihm klarzumachen, daß er solche Aktionen ganz und gar nicht lustig fand. Alboreto wiederum, acht Jahre zuvor mit Ferrari Sieger des deutschen Grand Prix, erklärte dem Briten, daß er andere Sorgen hätte als den Klagen eines Piloten zuzuhören, der im besten Wagen des Feldes fahren durfte.

Alain Prost hatte sich zwar die Pole Position gesichert, doch beim Start schoß wieder Damon Hill nach vorne. Michael Schumacher im Benetton war Zweiter vor Prost, der beim Anbremsen der Schikane vor der Ostkurve sah, wie der Ligier von Martin Brundle sich zu drehen begann.

Prost wählte daher (wie Brundle) den Notausgang in der Schi-

Oben: *Vor dem letzten Rennen der Saison 1993 in Australien. Am Ende belegte er den dritten Platz, was ihm die gleiche Position in der Weltmeisterschaft hinter Prost und Senna, dem Sieger von Adelaide, brachte.*

Rechts: *Wie der Vater, so der Sohn. Sogar die Koteletten erinnern an Graham.*

kane, um nicht vom Ligier abgeschossen zu werden. In der achten Runde, nachdem er die Führung übernommen hatte, wurde er deshalb von der Rennleitung zu einer Zehn-Sekunden-Strafe in die Boxengasse gebeten.

Damit hatte Damon alle Chancen auf den Sieg, denn beide Williams sollten ohne Reifenwechsel durchfahren. Prost konnte wenig für Hill tun. In einer begeisternden Aufholjagd lag der Franzose wieder elf Sekunden hinter Damon, der über Funk nach einer Teamorder fragte. Nachdem die Teamleitung grünes Licht gegeben hatte, schien er einem ungefährdeten Sieg entgegenzufahren.

Im Presseraum machte sich vor allem unter den britischen Journalisten leichte Hektik breit. Die Heimatredaktionen wurden alarmiert, denn schließlich stand der Sohn von Graham Hill kurz vor seinem ersten Sieg. 31 Jahre zuvor hatte Vater Graham den deutschen Grand Prix im strömenden Regen auf dem Nürburgring gewonnen. Noch zwei Runden . . .

Als er aus der Ostkurve kam, zeigte in seinem Cockpit auf einmal eine Warnlampe nachlassenden Luftdruck in einem Reifen an. „Das hat mich erst nicht beunruhigt, denn während des Rennens fällt der Reifendruck schon mal ab und die Lampe leuchtet dann auf."

Doch dann, am Ende der Schikane, begann der Wagen zu übersteuern und plötzlich verabschiedete sich der linke hintere Reifen. Prost hatte keinerlei Schwierigkeiten, zum 51. Sieg seiner Karriere zu fahren.

Wie lange mußte Damon Hill noch auf diesen ersten Sieg seiner Laufbahn warten?

Die Antwort ließ gerade drei Wochen auf sich warten. In Ungarn fielen die einzelnen Mosaiksteine endlich zu Damons Gunsten zusammen. Seine Siegesfahrt wurde von einem Konkurrenten ganz besonders genau beobachtet.

Ayrton Senna, der ihn 17 Runden lang hart bedrängt hatte, war in der 17. Runde ausgefallen. Statt an die Boxen zurückzukehren, blieb er am Rande der Strecke. Damon berichtete später, daß er an dieser Stelle der Piste ganz besonders sauber gefahren war, weil er das Gefühl gehabt habe, daß der Brasilianer ihn unter die Lupe nahm.

Wenn man bedenkt, was in den folgenden drei Monaten geschehen sollte, war Damon Hill vermutlich gar nicht so weit von der Wahrheit entfernt.

Nach dem französischen Grand Prix lag Damon Hill auf dem dritten Platz in der Weltmeisterschaftswertung. Doch nach den Mißgeschicken in England und Deutschland hatte ihn Michael Schumacher überholen können.

In Ungarn war Schumacher jedoch ausgefallen, so daß Damon nun wieder zwei Punkte vor dem Kerpener lag. Bei Williams waren alle Beteiligten begeistert, daß „ihr Baby" endlich den Durchbruch geschafft hatte. Frank Williams meinte sogar, daß Damon nach seinem ersten Sieg wahrscheinlich die nächsten zwei oder drei Rennen gewinnen würde.

Das mag übertrieben gewesen sein, doch es gibt Beispiele für die Richtigkeit dieser Behauptung. Nigel Mansell zum Beispiel brauchte sechs Jahre bis zu seinem ersten Sieg und gewann dann direkt das nächste Rennen.

Die Geschichte sollte sich in den nächsten Wochen wiederholen.

Mit seinem Sieg hatte Damon Hill sich, aber auch anderen bewiesen, daß er durchaus in der Lage war, den auf ihm lastenden Druck richtig zu verarbeiten. „Der Druck ist ein Faktor. Er wiegt in der Formel 1 besonders schwer. Du kannst problemlos über ein Brett balancieren, daß ein paar Zentimeter über dem Boden liegt. Doch 30 Meter über dem Boden sieht es ganz anders aus. Warum? Es ist das gleiche Brett, du mußt nur die 30 Meter vergessen.

Wenn du alleine im Auto bist, erlaubst du dir nicht, an irgend etwas anderes zu denken. Natürlich wird man abgelenkt. Doch es gibt auch Tricks, um die Konzentration zu steigern. Mansell zum Beispiel wurde oft dafür kritisiert, seine schnellste Runde gegen Ende des Rennens zu fahren, doch das ist ein gutes Mittel, um sich zu konzentrieren."

Selbstvertrauen macht Mut. Damon Hill unterstrich dies beim Training zum belgischen Grand Prix in Spa-Francorchamps. Im ersten Training fuhr er die schnellste Zeit. „Ich bin ungeheuer glücklich über diesen ersten Sieg. Nun kann ich etwas aggressiver werden. Ich bin hier mit dem festen Vorsatz, auch

Ayrton, wo bist Du? Kommunikationsprobleme bei der Teamvorstellung Ende 1993. Damon Hill war in England, Senna über eine anfangs defekte Telefonleitung aus Brasilien zugeschaltet.

Damon und Frank Williams feiern das neue Team für 1994. Niemand konnte ahnen, wie tragisch die Saison beginnen sollte.

dieses Rennen zu gewinnen. Ich fühle mich einfach besser. Nach dem heutigen Training bin ich einfach zufrieden und nicht übermäßig angestrengt wie früher."

Einer der ersten Gratulanten war ein Mann, der die Strecke in den Ardennen wie kaum ein anderer kennt. Phil Hill, mittlerweile 66 Jahre alt, hatte 1961 die Weltmeisterschaft und den belgischen Grand Prix auf der alten Strecke rund um Spa gewonnen.

Phil war ein alter Freund seines Vaters gewesen. Er fühlte sich über all die Jahre ganz besonders mit Damon verbunden. Nach dem Tod seines Vaters hatte er einige Wochen bei Phil Hill in Kalifornien verbracht, um dort den Verlust verarbeiten zu können.

Während dieser Zeit hat er auch kleinere Arbeiten in der Restaurierungswerkstatt von Phil Hill erledigt und in den Rennstall, den der Amerikaner zusammen mit Dan Gurney leitete, hineingesehen. Gurney, der zusammen mit Graham Hill 1960 für BRM gefahren war, erinnerte sich gut an den Sohn seines ehemaligen Kollegen:

„Ich erinnere mich an einen jungen Mann, der unter Schock stand und verzweifelt nach dem Sinn des Lebens fragte. Graham war nicht mehr unter uns. Ich weiß nicht, wie man es schafft, damit fertig zu werden, doch Damon versuchte es.

Er verbrachte seine Zeit mit meinem ältesten Sohn John und suchte so nach etwas, um die jüngsten Ereignisse aus seinem Kopf zu vertreiben. Ich glaube nicht, daß er damals wußte, was er mit seinem Leben machen wollte.

Angeblich soll die Zeit ja die Wunden heilen. Ich glaube, das dieser Vorgang bei allen Beteiligten bis heute im Gang ist.

Ich weiß, daß seine Mutter Bette und seine Frau Georgie sehr stolz auf ihn sind. Graham wäre es bestimmt auch. Die Familientradition lebt weiter. Kürzlich entdeckte ich sogar ein bißchen von diesem berühmten Sinn für Humor."

Beim Training zum belgischen Grand Prix sah sich die Formel 1 wieder mit der Schattenseite des Sports konfrontiert. Mit weit mehr als 200 km/h verunglückte der Lotus-Pilot Alessandro Zanardi in Eau Rouge. Der Italiener war zwar kaum verletzt, konnte aber am restlichen Training nicht mehr teilnehmen.

Nach dem Abschlußtraining stand Damon Hill mit einem Rückstand von 0,9 Sekunden auf Prost auf dem zweiten Startplatz. Doch seine schnellste Zeit im Warm-up deutete an, was sich der Brite vorgenommen hatte.

Prost hatte inzwischen seine Starttechnik verbessert und übernahm sofort die Führung, gefolgt von Senna, der einen sensationellen Start hingelegt hatte, und Damon Hill, der den Brasilianer hinter Eau Rouge überholen konnte.

Nach den ersten acht Runden lag Prost 4,5 Sekunden vor Hill, doch zwei Reifenwechsel lagen noch vor beiden Piloten, so daß sich noch viel ändern konnte. Nach dem ersten Wechsel war Prosts Vorsprung auf 0,9 Sekunden geschwunden. Beim zweiten Wechsel fuhr Hill eine Runde vor Prost an die Box und hatte mit seiner Taktik vollen Erfolg. Prost, von zwei langsameren Sauber in der Boxengasse noch zusätzlich aufgehalten, mußte sich als Zweiter hinter seinem Teamkollegen einordnen.

Später erklärte Prost, er habe seine Reifen einige Runden zu spät geholt. Außerdem habe das Handling des Wagens mit dem zweiten Satz Reifen nachgelassen. Davon profitierte auch Michael Schumacher, der den Franzosen mit Leichtigkeit überholte und sich an die Verfolgung von Damon Hill machte.

Die beiden jugendlichen Piloten konnten da natürlich noch nicht wissen, daß dieses Duell in den nächsten Jahren zum beherrschenden Element der Formel 1 werden sollte. Der Brite hatte an jenem Nachmittag auf jeden Fall ein intaktes Nervenkostüm und widerstand Schumachers Attacke. Fehlerfrei fuhr er die letzten zwölf Runden zu Ende und feierte seinen zweiten Sieg.

„Nachdem ich einmal in Führung lag, mußte ich nur noch so hart wie möglich weiter arbeiten. Es war einfach phantastisch. Im Vergleich zu Ungarn ging dieses Rennen wie ein Blitz vorüber."

Mit seinem Triumph hatte er Renault den 50. Grand-Prix-Sieg beschert und Williams die sechste Konstrukteurs-Weltmeisterschaft gesichert. Eigentlich sollte damit sein Platz für 1994 bei Williams sicher sein. Oder?

Trotz seiner Erfolge begannen Gerüchte zu zirkulieren, daß Damon durch Ayrton Senna abgelöst werden sollte. Rothmans, der neue Sponsor bei Williams, wollte das Dream-Team der Formel 1 zusammenstellen und den Brasilianer zusammen mit Alain Prost an den Start bringen.

Freilich hatten sie die Rechnung ohne den Franzosen gemacht. Der hatte schon am Anfang des Jahres allen Beteiligten klar gemacht, daß er nicht noch einmal gemeinsam mit Senna in einem Team fahren würde.

Seltsamerweise schienen die Gerüchte Damon Hill nicht sonderlich zu beeindrucken. Vor dem Rennen in Monza meinte er: „Frank Williams hat eine Option auf mich. Doch er will nicht darüber reden, bevor nicht die Weltmeisterschaft unter Dach und Fach ist. Ich möchte gerne noch einen dritten Grand Prix gewinnen, doch Frank kann mich abservieren, wann immer er will. Davon wird die Welt auch nicht untergehen. Ich hatte eine phantastische Zeit bei Williams. Es wird auch im kommenden Jahr das bestimmende Team bleiben. Doch egal, wo ich fahren werde, ich werde mein Bestes geben."

Was damals niemand wußte, waren Prosts konkrete Rücktrittsgedanken. Hill hatte es bereits alles für sich ausgearbeitet. Es war unwahrscheinlich, daß man ihn ersetzen würde. Vielmehr würde Alain aufhören und somit Senna seinen Platz überlassen.

Damon stand wieder hinter Prost auf der zweiten Startposition. Während Prost einen makellosen Start erwischte, verhakelten sich die Wagen von Hill und Senna an der ersten Schikane. Beide konnten an achter beziehungsweise neunter Stelle weiterfahren.

Ein Sieg in Monza würde Prosts vierte Weltmeisterschaft sichern, und alles sah danach aus, als hätte er keine Probleme, als Erster die karierte Fahne zu sehen. Damon lag an zweiter Stelle, als das Rennen in die letzten zehn Runden ging.

Bei Williams gab es die Abmachung, daß der Fahrer, der zehn Runden vor Schluß in Front lag, von seinem Teamkollegen nicht mehr angegriffen werden durfte. Prost konnte nun also den Fuß vom Gas nehmen.

„Ich wußte, daß ich von Damon nichts mehr zu befürchten hatte", so Prost, „schließlich lag ich zehn Runden vor Schluß in Führung. Ich fuhr 700 Umdrehungen unter Maximum."

Rechts: *Nachdenken über die Zukunftsaussichten?*

Doch dieses Mal hatte Alain Prost das Glück verlassen. Nur fünf Runden vor Schluß explodierte der Renault-Motor in der Parabolica. Damon stürmte zu seinem dritten Sieg hintereinander. Auf einmal hatte er eine theoretische Chance, selbst Weltmeister zu werden.

„Ich erlaube mir keinen Gedanken an die Weltmeisterschaft. Ich bin einfach froh, mein drittes Rennen hintereinander gewonnen zu haben. Als Frank Williams nach Ungarn davon sprach, ich würde jetzt vielleicht die nächsten drei gewinnen, hielt ich es für unwahrscheinlich. Doch nun bin ich einfach begeistert."

Am ersten Trainingstag im portugiesischen Estoril kam das Puzzle zusammen. Prost gab seinen Rücktritt bekannt und Senna erklärte, er werde McLaren zum Saisonende verlassen. Obwohl es niemand offiziell sagte, war allen Beobachtern klar, daß Senna zu Williams wechseln würde und Hill sein Cockpit behalten hatte.

Damon Hill, offensichtlich besonders motiviert, fuhr auf die Pole Position vor Prost. Damon Hills theoretische Chancen auf den Titel lösten sich in Luft aus, als sich sein Williams vor der Warm-up-Runde nicht starten ließ und er von der letzten Position aus ins Rennen gehen mußte.

Jean Alesi führte vom Start weg, verfolgt von Sennas McLaren. Am Ende fand sich Prost in Verfolgung von Schumacher wieder. Nachdem er einsehen mußte, daß der Kerpener schneller war, gab er sich mit dem zweiten Platz zufrieden, der ihm die Weltmeisterschaft sicherte.

Damon fegte unterdessen durch das Feld. Zum letzten Mal war er mit dem schwindsüchtigen Brabham ein Jahr zuvor aus der letzten Position gestartet. Am Ende des Rennens hatte er sich bis auf den dritten Platz nach vorne gearbeitet – fünf Sekunden hinter Prost und Schumacher, die 0,9 Sekunden auseinander lagen.

„Ich hatte nichts zu verlieren, was die Dinge mitunter leichter macht, und daher konnte ich so schnell unterwegs sein wie ich wollte. Mein Glückwunsch an Alain für die Weltmeisterschaft."

Labatt's
elf
RENAULT
elf
CAMEL

Zwischen dem portugiesischen und japanischen Grand Prix veranstaltete Williams eine Pressekonferenz in Didcot. Dabei wurde, kaum noch überraschend, die Fahrerkombination Senna/Hill für 1994 bekanntgegeben. Während Hill neben Frank Williams die Fragen der Journalisten beantwortete, versuchte Richard West, Geschäftsführer bei Williams, über eine Sonderleitung nach Sao Paulo mit Senna in Kontakt zu kommen.

Während sich die Wunder der modernen Telekommunikation entfalteten, gab Damon die gewünschten Informationen über die Zusammenarbeit mit Ayrton Senna: „Selbstverständlich habe ich gemischte Gefühle bei dem Gedanken, mit einem Piloten wie Senna zu fahren, weil er so ungeheuer ehrgeizig ist. Dennoch erwarte ich, eine Menge von ihm lernen zu können. Ich nehme die Herausforderung gerne an und glaube, sie auch meistern zu können.

Vielleicht ist die Zusammenarbeit mit Senna weniger leicht als mit Prost, aber ich will das nicht schon jetzt beurteilen. So gut kenne ich Ayrton nicht. Aber ich freue mich auf die Chance, und ich glaube, es wird ein spannendes Jahr werden."

Hill ließ keinen Zweifel daran, daß er sich von dem legendären Brasilianer eingeschüchtert fühlte. „Ich bin nicht leicht zu demoralisieren. Ich bin noch immer auf dem Weg nach oben in meiner Laufbahn und muß noch einiges lernen. Von einem Kollegen wie Senna kann ich viel für meine weitere Entwicklung profitieren."

In der Zwischenzeit war die Leitung endlich geschaltet und Senna konnte auf die Frage antworten, ob Damon Hill ein ernsthafter Konkurrent für die Weltmeisterschaft sei. Sennas Antwort war ein Meisterstück in Sachen Diplomatie:

„Ich glaube, daß Damon jetzt ein anderer Fahrer als noch vor einem Jahr ist. Er hat jetzt fast eine komplette Saison an Erfahrungen, stand auf der Pole Position, hat Rennen gewonnen und sich nach oben gearbeitet und so an Selbstvertrauen gewonnen. Und ich glaube, daß er im nächsten Jahr noch ehrgeiziger sein wird, was für das Titelrennen sehr wichtig ist. Er hätte keinen besseren Eintritt in die Formel 1 haben können als ein Jahr an der Seite von Alain und danach an meiner."

Sein Sieg in Italien und Sennas Ausfälle dort und in Portugal brachten Damon Hill den zweiten Platz in der Weltmeisterschaft ein. Mit einem Vorsprung von neun Punkten auf den Brasilianer ging es zum vorletzten Lauf nach Japan.

Sein erster Auftritt in Suzuka stand jedoch unter keinem guten Stern. Im Abschlußtraining gelang es ihm zwar, die schnellste Zeit vorzulegen, er rutschte aber von der Strecke und mußte machtlos zusehen, wie er nach hinten durchgereicht wurde und am Ende auf dem sechsten Startplatz landete.

Das Rennen begann bei trockenem Wetter, wurde aber nach einem plötzlich einsetzenden Regen dramatisch. Senna nutzte die Gelegenheit und schob sich vor Prost. Damon Hill hatte unterdessen Schumacher überholt und nahm Berger ins Visier.

Am Ende der siebten Runde erreichten Schumacher, Berger und Hill gleichzeitig die Schikane vor den Boxen. Schumacher hatte wohl eine Lücke gesehen und versuchte sich am Williams vorbeizumogeln, was jedoch gründlich mißlang. Der Benetton mußte mit verbogener Aufhängung ausscheiden, und Hill konnte weiterfahren. Aber nicht lange. Der Aufprall hatte einen platten Reifen verursacht, der in Runde 19 gewechselt werden mußte. Ein paar Runden später war er wieder in der Box, um Regenreifen aufziehen zu lassen.

Nach diesen Ereignissen lag Hill wieder auf dem siebten Platz. Dann wagte er, inzwischen auf dem vierten Rang liegend, einen mutigen Schachzug und ließ schon in Runde 28 Slicks aufziehen. Nun war er wieder Siebter.

Plötzlich war er in einem Kampf mit seinem alten Rivalen Eddie Irvine verwickelt. Der war noch auf Regenreifen unterwegs und machte unerwartete Schwierigkeiten. Während die beiden um den sechsten Platz kämpften, näherte sich Ayrton Senna und war absolut nicht davon erbaut, daß Irvine keine Rücksicht auf ihn nahm. Einige nervtötende Runden lang hielt Irvine den Brasilianer auf, dessen Vorsprung auf Prost von 25 auf zehn Sekunden schmolz.

Irgendwann kam Senna doch noch vorbei und gewann vor Prost, Häkkinen und Damon Hill. Die beiden Jordan von Barrichello und Irvine belegten den fünften und sechsten Platz.

Meister und Lehrling. Ayrton Senna und Damon Hill in Estoril bei der offiziellen Präsentation des Teams.

NACIONAL
Rothmans
RENAULT
elf
Rothmans
NACIONAL
Rothmans
RENAULT
elf
Rothmans
GOODYEAR
GOODYEAR
DIVELLA
Rothmans

Neuer Wagen mit neuer Lackierung. Der FW15D hatte ein passives Fahrwerk, so wie es die Regeln für 1994 verlangten.

Damit war das Rennen aber noch nicht vorbei – wenigstens nicht für Senna und Irvine.

Senna stellte den Nordiren zur Rede, doch der sah nicht ein, daß er etwas Falsches gemacht haben sollte. Daraufhin ging Sennas Temperament mit ihm durch und statt weiter Worte zu wechseln, ließ er die Fäuste sprechen.

Interessanterweise nahm Hill Irvine in Schutz: „So weit es mich betrifft, glaube ich nicht, daß Eddie etwas Falsches gemacht hat. Die Zeiten, da ein Fahrer seinen Kollegen den Vortritt lassen muß, sind längst vorbei. Und Senna hat damit angefangen. Er war seit seinem Debüt ziemlich aggressiv und nun wird er von den anderen Piloten kopiert."

Damit hatte Damon durchaus Mut bewiesen, denn immerhin redete er über seinen zukünftigen Teamkollegen. Seine Meinung wiederholte er auch 14 Tage später auf der Pressekonferenz nach dem Training zum Grand Prix von Australien.

Vor dem Saisonfinale lag Damon in der WM-Wertung zwei Punkte vor Senna. In diesem Rennen stellte Senna seine Ausnahmeform eindrucksvoll unter Beweis. Er belegte – zum ersten Mal in der Saison – die Pole Position und dominierte das Rennen nach Belieben.

Damon belegte im Rennen hinter Prost den dritten Platz. In der WM-Wertung fiel er ebenfalls auf den dritten Rang hinter Senna zurück. Beim Versuch, Alain Prost auszubremsen, wäre er beinahe von der Strecke geflogen und gab sich dann mit dem dritten Rang zufrieden.

Im Rückblick auf die Saison konnte Damon Hill mit seinen Leistungen durchaus glücklich sein. Er hatte mehr geleistet, als man von ihm erwartet hatte. Patrick Head: „Seine größte Stärke ist seine Einstellung. Anstatt zu verzweifeln, wenn es mal nicht so richtig läuft, setzt er sich hin, analysiert die Daten und ist am nächsten Tag schneller. In Adelaide zum Beispiel hatte er am ersten Tag einige Probleme, nur um am nächsten Tag die schnellste Zeit zu fahren. Und das passierte immer wieder. Außerdem, und das hat mir besonders gut gefallen, hat er nur in absoluter Verzweiflung bei Alain nach der genauen Abstimmung gefragt.

Dennoch ist er noch nicht stabil. Er lernt eben noch immer. Er hat drei Grand Prix gewonnen, einen mehr als Michael Schumacher und er hätte doppelt so viele gewinnen können. Für einen Neuling ist das eine beachtliche Bilanz."

Bei den Testfahrten vor der nächsten Saison erlebte Hill zwei schwere Unfälle in Estoril. Bei beiden Gelegenheiten testete er die neue passive Aufhängung, die 1994 vorgeschrieben war.

Nach den Familienferien in der Karibik war er wieder in Estoril, wo Williams und der neue Sponsor Rothmans das neue Team vorstellten. Natürlich wollten die Journalisten von Hill wissen, wie er sich an der Seite des dreifachen Weltmeisters fühle, der im Umgang mit seinen Teamkollegen nicht gerade feinfühlig war.

Hill gab sich bei seiner Antwort selbstbewußt: „Was erwarten die Menschen von Ayrton? Soll er mich in den Würgegriff nehmen, oder was? Ayrton ist das Maß aller Dinge in der Formel 1, aber es gibt einige Piloten, die glauben, ihn schlagen zu können. Ich glaube, daß ich eine gute Chance habe, in der kommenden Saison den Titel zu holen. Ich behaupte nicht, daß es leicht sein wird, aber die Möglichkeit ist da und ich werde alles tun, um es zu erreichen.“

Hill bestätigte auch, daß es keine Teamorder geben werde, es sei denn, ein Fahrer wäre definitiv in Richtung Weltmeisterschaft unterwegs. Er deutet auch an, daß er, hätte es keine Anordnungen gegeben, in der vergangenen Saison mehr Rennen gewonnen hätte. Aus dem schüchternen Neuling war ein selbstbewußter Formel-1-Pilot geworden. Und genau das war es, was das Team bald benötigen sollte.

Als Prost in das Team kam, hatte man für Damon Hill nur die Rolle des den Meister unterstützenden Fahrer vorgesehen. Alles drehte sich um den Franzosen, der seinen vierten Titel gewinnen wollte. So sollte es auch 1994 sein. Damon Hill war bereit, die Herausforderung anzunehmen, wollte sich an Ayrton Senna messen – doch dann kam nach Sennas tragischem Tod in Imola alles ganz anders.

Der neue FW16 kam erst spät auf die Pisten und hatte gegen die Kombination Benetton/Schumacher zunächst keine Chance. In Brasilien flog Senna im Kampf mit Schumacher von der Piste. Hill wurde Zweiter.

Beim japanischen Grand Prix in Aida war das Rennen für Senna bereits nach wenigen Metern zu Ende, als er von Häkkinen von der Piste geschoben wurde. Hinter dem späteren Sieger Schumacher lag Hill an zweiter Stelle, als er wegen Getriebeschadens aufgeben mußte.

Vor dem ersten europäischen Rennen in Imola hatten die Williams-Ingenieure viel gearbeitet, und Senna eroberte auch die Pole Position. Doch dann kam der Brasilianer bei knapp 300 km/h von der Strecke ab und starb wie vor ihm schon der Österreicher Ratzenberger. Die Formel 1 durchlebte eines ihrer schlimmsten Wochenenden.

Nach dem Neustart erreichte ein demoralisierter Damon Hill den sechsten Platz.

Damon über seinen tödlich verunglückten Kollegen: „Er war zwar immer um die Sicherheit in unserem Sport besorgt, das galt aber nicht für ihn selbst, wenn er im Cockpit saß. Er war immer zu 100 Prozent engagiert und deswegen haben ihn alle anderen Fahrer bewundert. Ich werde die kurze Zeit unserer

Zusammenarbeit nie vergessen und fühle mich geehrt, mit ihm in einem Team gewesen zu sein.“

Nun mußte Damon Hill eine große Last schultern.

• KAPITEL SECHS •

Der Fehdehandschuh

Damon Hill, seine Frau Georgie und die gesamte Williams-Mannschaft befanden sich in einem Schockzustand, als die Chartermaschine an jenem 1. Mai 1994 vom Flughafen Bologna Richtung London abhob. Es ähnelte schon einem Glücksspiel, Damon Hill nach Sennas Tod wieder ins Rennen zu schicken. Zu jenem Zeitpunkt wußte niemand, ob die Ursache im menschlichen oder im technischen Bereich zu suchen war. Erst später sollte der technische Direktor Patrick Head eine technische Ursache eingestehen.

Beim Neustart war man noch optimistisch, daß Senna zwar schwer verletzt, aber noch am Leben war. Die grausame Wahrheit wurde erst wesentlich später bekannt.

Patrick Heads erste Reaktion bestand damals interessanterweise darin, die Servolenkung an Damons Wagen zu deaktivieren. Offensichtlich sah er in einem plötzlichen Druckabfall einen möglichen Unfallauslöser. Damon Hill erreichte einen sechsten Platz und beschädigte die Nase seines Wagens beim Versuch, Michael Schumacher auszubremsen. Die beiden Piloten sollten sich im weiteren Verlauf der Weltmeisterschaft noch häufiger sehr nahe kommen.

Frank Williams kehrte am folgenden Tag nach Didcot zurück.

Der Unfallwagen war von den italienischen Behörden beschlagnahmt worden, um die genaue Unfallursache zu ermitteln. Diese Ermittlungen sollten sich über Jahre erstrecken. Vor dem Hauptquartier des Unternehmens hatten sich einige hundert Senna-Fans versammelt, die um ihr Idol trauerten. Hill flog mit Williams nach Sao Paulo und wohnte der Beisetzung seines Teamkollegen bei. Er war zutiefst von den brasilianischen Fans gerührt, die nun, da Senna nicht mehr lebte, dem Briten ihre Unterstützung zusicherten.

Die Suche nach einem zweiten Fahrer stand ganz oben auf der Liste von Frank Williams. Rothmans, der wichtigste Sponsor des Teams, ließ ihm dabei freie Hand, was man in Didcot sehr schätzte. Renault, der Motorenlieferant, war da schon etwas ungeduldiger und hatte zudem Probleme, die Taktik von Frank Williams zu verstehen.

Allerdings stand erst einmal der Grand Prix von Monaco auf dem Programm. Das Team hatte nur den Wagen von Hill gemeldet. Monaco ist für Hill wegen der Erfolge seines Vaters ein besonderes Pflaster, doch jetzt war die mentale Last noch ein bißchen größer geworden.

Damon belegte in dem tragischen Grand Prix von San Marino den sechsten Platz, fuhr aber die schnellste Runde.

Dies war nicht nur die Strecke seines Vaters gewesen, nein, auch Senna betrachtete den Stadtkurs als seinen Spielplatz. Das Wochenende bot wahrlich keine angenehmen Aussichten. Für niemandem im Team.

„Das größte Problem für mich ist die Übernahme der Verantwortung im Team", erklärte der Brite. Und: „Das alles ist eine furchtbare Situation. Je schneller wir Monaco verlassen können, desto besser."

Obwohl Damon Hill mit dem Handling des FW16 auf den Straßen von Monaco einige Probleme hatte, fand er sich auf einem guten vierten Startplatz wieder. Das Rennen war für Hill dann sehr schnell vorbei. In Ste. Dévote kollidierte er mit dem McLaren von Häkkinen, der auf der Stelle aufgeben mußte. Hill kam noch bis zum Casino, wo er mit einer gebrochenen Lenkung seinen Wagen abstellte. Michael Schumacher hatte keine Probleme, das Rennen vor dem McLaren-Peugeot von Martin Brundle zu gewinnen. „Ich hatte den besten Start des Jahres, hatte Berger überholt und wollte auch Häkkinen packen, doch der zog auf einmal nach links, und da war nur noch die Mauer", analysierte Hill seinen kurzen Auftritt.

Frank Williams hatte sich in Monaco mit Riccardo Patrese unterhalten, der, nachdem er bei Benetton keinen neuen Vertrag bekommen hatte, ohne Cockpit war. Riccardo war zwischen 1988 und 1992 für Frank Williams gefahren und genoß noch immer einen guten Ruf im Team. Doch sowohl Williams als auch der Italiener sahen ein, daß die Wiederbelebung der alten Beziehung keine Lösung der Probleme war. Williams wußte, daß Patrese zu langsam für ein Team wie Williams war und nicht die Ausstrahlung hatte, um Senna ersetzen zu können. Riccardo war außerdem nun so weit, daß er nach den Ereignissen von Imola seine Karriere endgültig beenden wollte.

Renault war von Hills Vorstellung in Monaco, höflich ausgedrückt, nicht gerade beeindruckt. Schon vor dem Rennen gab es erste Gerücht, daß der Konzern bereit war, Nigel Mansells Comeback in die Formel 1 zu finanzieren. Der Brite war in seiner ersten Saison auf Anhieb Indycar-Meister geworden, hatte nun aber mit einem Angriff der Penske-Piloten zu kämpfen.

Patrick Head, technischer Direktor bei Williams, im Gespräch mit seiner neuen Nummer eins.

Während hinter den Kulissen die Verhandlungen über eine mögliche Mansell-Freigabe weitergingen, nominierte Frank Williams den offiziellen Testfahrer des Teams, den Schotten David Coulthard, als zweiten Fahrer an der Seite von Hill für den nächsten Grand Prix in Barcelona.

In diesem Rennen traten die von der FIA in aller Eile verordneten Sicherheitsmaßnahmen in Kraft. Die Unterböden der Wagen mußten verändert werden, um den Abtrieb zu verringern. Gleichzeitig wurden die Front- und Heckflügel verändert, was die Boliden aber auch wesentlich nervöser machte.

Trotzdem stand Damon Hill nach dem Training auf dem zweiten Startplatz neben Schumacher. „Der Wagen fühlt sich furchtbar an“, hatte er noch nach dem ersten Training geklagt. „Der Wagen hat kaum Grip und fährt sich wie ein Skateboard. Das

GRAN
MARLBO
ESPA
GOODYEAR
Rothmans
elf
Rothmans
CHAMPION
OMP

Links: *Ein besonders wichtiger Sieg für Fahrer und Team. Hill auf dem Podium nach dem spanischen Grand Prix 1994.*

geht ja noch auf einer so glatten Strecke wie hier, doch in Montreal wird es schlimm werden."

Am Samstag hatten sich die Umstände zum besseren verändert. Doch die Hoffnungen, daß die aerodynamischen Verbesserungen Schumacher in Gefahr bringen würden, bewahrheiteten sich nicht. Der Kerpener lag auch im zweiten Training vorne.

Im Rennen sah alles nach einem glatten Schumacher-Sieg aus. Nach 16 Runden hatte er einen Vorsprung von 15 Sekunden herausgefahren. Dann jedoch sah es auf einmal gar nicht mehr so gut aus für den Kerpener.

Plötzlich blieb das Getriebe des Benetton im fünften Gang stecken. Am Ende der 21. Runde stand er in der Benetton-Box, wo der Fehler allerdings nicht behoben werden konnte. Er ging wieder ins Rennen und lag nun an zweiter Stelle hinter dem McLaren von Mikka Häkkinen. Dann überholte ihn Damon Hill, der in der Zwischenzeit getankt hatte. Wenig später mußte Häkkinen die Box zum Tanken ansteuern. In Runde 35 stand wiederum Hill an der „Tankstelle" und mußte Schumacher und Häkkinen vorbeiziehen lassen.

In Runde 45 gingen Schumacher und Häkkinen gleichzeitig an die Box, so daß Hill an die Spitze ging. Häkkinen fiel drei Runden später aus, und Hill fuhr einem sicheren Sieg vor dem mit seinem Getriebe kämpfenden Schumacher entgegen.

Vielen altgedienten Williams-Mechanikern kam die Galle hoch, als sie sahen, wie euphorisch die Renault-Leute, die Hill noch vor kurzem rausschmeißen wollten, dem Briten nun gratulierten. Damon ertrug auch diese Prozedur mit der für ihn typischen Gelassenheit. Er wußte selbst, wie wichtig dieser Tag gewesen war.

„Dieser Sieg war ohne Frage wichtiger als alle, die ich im vergangenen Jahr erreicht habe. Es war für uns wichtig, daß wir uns hier gut schlugen, obwohl der Gedanke an einen Sieg ziemlich unrealistisch war. Dieser Sieg geht allen bei Williams sehr nahe. Der neue Wagen war einfach perfekt und dank der neuen Vorschriften sogar etwas komfortabler."

Auch Coulthard hatte ein gutes Debüt. Der Schotte erreichte im Training einen neunten Platz und hatte sich im Rennen bis auf den sechsten Platz vorgearbeitet, als ein Defekt in der Elektrik für seinen Ausfall sorgte.

Auch beim kanadischen Grand Prix in Montreal war Coulthard Hills Teamkollege. In Kanada verdichteten sich die Gerüchte, daß Mansell die Freigabe seines Indycar-Teams für den französischen Grand Prix in Magny-Cours bekommen sollte. Tatsächlich hatte Renault sich schon verpflichtet, die Mansell-Auftritte in Frankreich, beim Europäischen Grand Prix, in Japan sowie in Australien zu bezahlen. Für jedes dieser Rennen sollte Mansell jeweils 900 000 Pfund kassieren. Hill bekam gerade ein Drittel davon – für die gesamte Saison.

In Montreal belegte Schumacher den ersten Startplatz vor den beiden verbesserten Ferraris von Berger und Alesi. Hill kam auf den vierten Platz, eine knappe Zehntelsekunde vor Coulthard. Mit dem Handling seines Boliden war er immer noch nicht glücklich.

„Wir haben noch immer nicht den Durchbruch erreicht. Und langsam kann man bezweifeln, ob wir es jemals schaffen. Wir erreichen zwar nicht die gewünschten Rundenzeiten, dafür fühle ich mich aber besser als noch in Barcelona."

Nach dem Start schob sich Coulthard direkt vor Hill, mußte dann aber einem Krampf in seinem rechten Fuß Tribut zollen, was seine Rundenzeiten schwanken ließ. Von der Box bekam er daraufhin das Zeichen, Damon Hill überholen zu lassen, der sich dann auf die Verfolgung von Berger und Alesi machte.

Nach dem Rennen übte Hill sanfte Kritik an seinem jungen Kollegen: „Ich verstehe ja den Charakter der Formel 1 und auch die Tatsache, daß es zwischen Teamkollegen keine Liebe gibt. Aber es handelt sich noch immer um einen Mannschaftssport. Es hat mich schon gewurmt, daß ich nicht an ihm vorbeigekommen bin. Doch selbst wenn ich es früher geschafft hätte,

Großes Bild: *In Montreal reichte es trotz allen Einsatzes nur zu einem zweiten Platz hinter Schumachers Benetton.*

Kleines Bild: *Freizeit für Hill und Coulthard. Der junge Schotte setzte Hill ganz gehörig unter Druck.*

RENAULT
RENAULT
elf
elf
elf
0
MAGNETI MARELLI
Rothmans Ltd. RACING
Rothmans Ltd. RACING
GOODYEAR
GOODYEAR
Rothmans Ltd.
Rothmans Ltd.
2

hätte ich Michael nie eingeholt." Schumacher hatte im Ziel einen Vorsprung von 28 Sekunden auf den zweitplazierten Hill. Nach sechs von 16 Rennen hatte Schumacher nun 56, Hill 23 Punkte.

Nun stand der französische Grand Prix auf dem Programm und damit die Rückkehr Nigel Mansells in die Formel 1. Hill sah dessen Rückkehr als sportliche Herausforderung. „Ich sehe darin eine Chance. Ich habe nun die großartige Gelegenheit, nach Alain und Ayrton nun mit Nigel in einem Team zu fahren. Damit hatte ich die größten Rennfahrer der letzten zehn Jahre als Partner. Es gibt nicht viele Piloten, die so etwas von sich sagen können. Außerdem kann ich auch von ihm etwas lernen.

Wenn er mich schlägt, dann zeigt es, das ich zuwenig gearbeitet habe und mich verbessern muß, wenn ich in der Formel 1 bleiben will. Es gibt da für mich keine faulen Ausreden. Ich weiß, wie ich gegen Ayrton und Alain abgeschnitten habe, und daher sehe ich dem kommenden Vergleich sehr zuversichtlich entgegen."

Mansells Ankunft wurde natürlich von dem erwarteten Medientamtam begleitet. Direkt nach dem Indycar-Rennen in Portland, Oregon, flog der Weltmeister des Jahres 1992 nach Brands Hatch, wo er den Wagen zwei Tage lang intensiv testete. Bei seinem ersten Auftritt in Magny-Cours beherrschte er alleine die Medien. Hills WM-Pläne nahm hingegen niemand zur Kenntnis.

Beim Samstag-Training kamen zum ersten Mal die neuen Renault-Motoren zum Einsatz. Die neuen Aggregate konnten wesentlich höher drehen. Das Training wurde wegen einiger untypischer Probleme bei Schumachers Benetton zu einer reinen Williams-Affäre, bei der Mansell das Handicap hatte, einen Satz Reifen zerstört zu haben.

Schumacher hatte am Freitag die schnellste Zeit vorgelegt, die aber am Samstag von den beiden Williams-Piloten unterboten werden sollte. Nachdem Verstappen seinen Benetton in einem spektakulären Unfall an der Boxenmauer zerlegt hatte und dabei beinahe Hill verletzt hätte, wurde das Training unterbrochen.

Nach dem Ende der Pause nahm Hill den Fehdehandschuh auf und unterbot nun die Zeiten seines Teamkollegen, der sich die Bestzeit zurückholte, bis Hill schließlich fünf Minuten vor Ende des Trainings die absolute Bestzeit fuhr. Man konnte ihm die Erleichterung über seine dritte Pole Position an den Augen ansehen. Mansell erst hatte Hill auf eine neue fahrerische Ebene gebracht.

Im Rennen legte Schumacher einen Start hin, der einige Beobachter an der Legalität seines Benetton zweifeln ließ. Als im Laufe der Saison tatsächlich Zweifel an der Zulässigkeit des Boliden geäußert wurden, dachten viele Zeitgenossen an diesen sensationellen Start aus der zweiten Reihe im sonnigen Frankreich zurück.

Hill und Schumacher zogen im ersten Teil des Rennens auf und davon und kamen auch in der 21. Runde zusammen mit Berger zum ersten Tankstopp. Doch von da an zog Schumacher auf und davon. Benetton setzte im Gegensatz zu Williams auf drei Stopps. Damon ging zwar zwischen den Runden 37 und 45 noch einmal in Führung, doch die Kombination von wenig Sprit und frischen Reifen ließen Schumacher davonziehen. Am

Der Neuling vor Hill. In den ersten Runden des kanadischen Grand Prix lag Coulthard auf dem dritten Platz und blockierte Hill. Später machte man dem Schotten klar, Hill aus dem Weg zu gehen, damit der nach vorne fahren konnte.

Ende hatte der Deutsche nach seinem Sieg in Frankreich 66 Punkte in der WM-Wertung. Hill brachte es auf 29 Zähler.

Mansell hatte sich gerade auf den dritten Platz vor Berger geschoben, als er mit einer defekten Hydraulikpumpe im Getriebe aufgeben mußte. Als Schumacher und Hill die karierte Flagge sahen, hob Mansells privater Jet gerade vom Flughafen Nevers ab.

Eine Woche später saß Mansell wieder im Cockpit seines Indycar, während Hill versuchte, den englischen Grand Prix in Silverstone zu gewinnen. Seinem Vater war dies in seiner Karriere nie gelungen. Als er an diesem Wochenende zum ersten Mal die Williams-Box betrat, war allen Beobachtern klar, wie sehr sich der Mann verändert hatte. Hill war ein selbstbewußter Pilot geworden, der genau wußte, was er wollte.

David Coulthard war wieder im Team und fuhr seinen dritten Grand Prix. Er war nicht die Bedrohung, die Mansell eine Woche zuvor gewesen war. Damons Wochenende begann mit einer Schrecksekunde, als an seinem Rennwagen die vordere Aufhängung brach und er den FW16 gerade noch abfangen konnte.

Damon ließ sich nicht weiter davon beeindrucken und stellte seinen Wagen auf den ersten Startplatz neben den Benetton von Schumacher. Nach dem Start setzte er sich sofort in überzeugender Manier in Führung vor Schumacher, der da, ohne es zu wissen, schon einige Probleme hatte.

Das Rennen mußte zweimal gestartet werden, weil Couthard, der nur einen enttäuschenden siebten Startplatz erreicht hatte, den Wagen abgewürgt hatte. Bei beiden Einführungsrunden hatte Schumacher Hill kurz überholt. Das war verboten, und daher zeigte man ihm in Runde 22 die schwarze Fahne, was Disqualifikation bedeutete. Schumacher lag zu diesem Zeitpunkt in Führung und ignorierte die Fahne einfach. Was die Angelegenheit noch ärgerlicher machte, war die Tatsache, daß er von seinem Team aufgefordert worden war weiterzufahren. Man verhandelte hektisch hinter den Kulissen.

Am Ende der 28. Runde mußte Schumacher eine Zehn-Sekunden-Strafe absitzen. Da war Hill schon auf und davon und konnte später den Pokal aus der Hand der Prinzessin von Wales

Ein glücklicher Mensch. Siegerehrung nach dem britischen Grand Prix, den Hill vor Schumacher und Alesi gewann. Lady Di überreichte die Pokale.

entgegennehmen. Für Hill war es eine ganz besondere Genugtuung, dieses Rennen gewonnen zu haben: „Ich war allein schon deshalb motiviert, weil mein Vater dieses Rennen nie gewinnen konnte. Ich glaube, diese Scharte habe ich heute etwas ausgewetzt. Es ist einfach der beste Tag in meinem Leben."

Das konnten weder Schumacher noch sein Team behaupten. Ihre vermeintliche Regelunkenntnis wurde mit einer Strafe von 25 000 Dollar geahndet, doch es sollte noch schlimmer kommen. Schumacher und die Teamleitung wurden vor ein FIA-Tribunal in Paris gebeten, wo die Strafen drastisch erhöht wurden. Benetton mußte 500 000 Dollar zahlen und Schumacher wurde nicht nur nachträglich der zweite Platz in Silverstone aberkannt, er wurde auch für zwei Rennen gesperrt. Diese Strafe stellte den Kampf um die Weltmeisterschaft auf den Kopf.

Kurz vor dem englischen Grand Prix waren Damon Hill und Familie in ein großzügiges Landhaus direkt neben der Rennstrecke von Ascot gezogen. Auf den ersten Blick sah alles nach heiler Welt aus, doch hinter den Kulissen begannen sich einige Risse in der Verbindung Hill/Williams zu zeigen.

Frank Williams und Patrick Head hatten zu ihren Fahrern immer ein eher nüchternes Verhältnis. Beide waren nicht unbedingt Psychologen, wenn es darum ging, den Piloten zu helfen. Daher gaben sich beide Männer auch unwissend, als Hill „die hundertprozentige Unterstützung des Teams“ forderte. Das Problem sollte sich noch einmal am Ende der Saison zeigen.

Hill hatte freilich nach dem deutschen Grand Prix auf dem Hockenheimring (mit dem er irgendwie auf Kriegsfuß stand) besonders schlechte Karten. Das Rennen war für ihn bereits nach zwei Kilometern quasi zu Ende. Nach einem besonders schlechten Start verbog er sich seine Aufhängung beim Versuch, Ukyo Katayama zu überholen.

Am Ende erreichte er einen achten Platz. Coulthard geriet in der ersten Kurve in eine Kollision und mußte später mit einem Problem an der Elektrik aufgeben. Wenigstens hatte er die schnellste Runde gefahren. Benetton beherrschte wieder die Schlagzeilen, weil Verstappens Wagen beim Tanken in Flammen aufging. Später fand man heraus, daß die Techniker einen Filter entfernt hatten, um schneller tanken zu können.

Damon Hills Nerven waren ohnehin angespannt und seine Situation wurde gewiß nicht durch Morddrohungen einiger Schumacher-„Fans“ erleichtert. Der Kerpener konnte an seinem Heim-Grand-Prix nur deshalb teilnehmen, weil sein Team rechtzeitig gegen die Entscheidung in Paris Berufung eingelegt hatte. Das Rennen war für ihn allerdings nach einem Motordefekt vorzeitig beendet. In Ungarn siegte er, mußte aber nach der Abweisung der Berufung bei den Rennen in Italien und Portugal aussetzen.

Patrick Head meinte später über die fahrerischen Fähigkeiten seiner Nummer eins: „Ich glaube nicht, daß Mansells Auftritt in Magny-Cours ihm sehr geholfen hat. Damon fragte sich da wohl eher, ob der Wagen oder er selbst oder sonst irgendetwas für die Leistungen verantwortlich war. Silverstone war ein großartiges Ergebnis, doch seitdem lief es nicht so toll. Hockenheim war eine Katastrophe. Da hätten wir Boden gut-

Hill vor Coulthard beim italienischen Grand Prix 1994. Kurz vor dem Ende mußte Coulthard ohne Sprit ausrollen, weil man den Benzinverbrauch falsch berechnet hatte.

machen können. Damons Schwäche sind die Unfälle in der ersten Runde. Dreimal in dieser Saison ist er in der ersten Runde rausgeflogen. Ohne diese Aussetzer würden wir wesentlich besser aussehen.

Einmal im Jahr kann das ja passieren, aber nicht dreimal und schon gar nicht so wie in Hockenheim. Er hätte Katayama an jeder Stelle der Strecke überholen können, aber nicht eingangs der dritten Schikane. Aber ich bin sicher, daß Damon diese Lektion gelernt hat."

Head erklärte auch, daß, wenn Damon Hill motiviert sei, er hundertprozentige Leistungen bringe. Freilich müsse sein Fahrer dieses Kunststück 16 Mal im Jahr schaffen. Head räumte auch mit dem Vorurteil auf, daß Damon wie sein Vater ein Arbeiter sei, der fehlendes Talent durch Fleiß und Arbeit ausgleiche.

„Du mußt ihn auf der Strecke sehen, und dann begreifst Du,

Prominenter Hilfsarbeiter. Nigel Mansell fuhr 1994 vier Rennen für Williams und half dem Team, den Weltmeistertitel der Konstrukteure zu gewinnen. In Adelaide belegte er den ersten Platz.

Rothmans
Rothmans
Rothmans
elf
GOODYEAR
Rothmans
RACING
Rothmans
Sunseeker
TOKYO
Rothmans
RACING
GOODYEAR

Rothmans
Rothmans
Rothmans
Rothmans
RACING
RENAULT
elf
Rothmans

Links: *Ein nachdenklicher Damon Hill. Am Ende fehlte ihm ein Punkt zum Titel.*

daß die Leute, die ihn mit Graham vergleichen, Müll reden. Er ist ein sehr guter Fahrer, und ich glaube, wir haben noch nicht alles von ihm gesehen."

Hill belegte in Budapest und in Spa zweite Plätze hinter Schumacher und fühlte sich in Belgien von Williams wieder schlecht behandelt, weil Coulthard vor ihm in die Box geholt wurde und dadurch seine Chancen, einen Angriff auf Schumacher zu fahren, zerstört wurden. Allen Beobachtern wurde aber spätestens in den Ardennen klar, daß Coulthard sich in der Formel 1 eingerichtet hatte und eine Bedrohung vor allem für Damon Hill geworden war. Der junge Schotte war mit seiner angenehmen Art ein Traum für alle PR-Verantwortlichen. Viele Zeitgenossen ließen sich jedoch blenden und glaubten, daß der junge Mann ein williger Gefolgsmann der Nummer eins im Team sei.

Das war eine etwas sehr einfach Sichtweise. Unter der gutgelaunten Oberfläche war Coulthard ein ehrgeiziger Pilot, der für seine Zukunft in der Formel 1 kämpfte und dadurch seinen Teamkollegen unter Druck setzen mußte.

Damon hatte sich bereits in Montreal Gedanken über seinen jungen Kollegen gemacht, als der vor ihm her fuhr. In Spa wäre es aber beinahe zum Skandal gekommen. Rubens Barrichello hatte seinen Jordan-Hart auf den ersten Startplatz gestellt, weil er am Freitag als erster von Regenreifen auf Slicks gewechselt hatte. Regen am Samstag hatte die Startaufstellung nicht geändert und Coulthard, der den Brasilianer aus vielen Rennen in der britischen Formel-3-Meisterschaft kannte, konnte sich nicht verkneifen, Hill mit Ratschlägen zu überschütten. Beobachter meinten nachher, Coulthard habe es darauf angelegt, Hill zu nerven.

Dramatisch wurde es erst nach dem Rennen. Weil die Holzplatte unter seinem Benetton angeblich nicht die korrekte Dicke hatte, wurde Schumacher disqualifiziert. Das und der Ausschluß von zwei Rennen eröffnete Hill auf einmal alle Chancen auf die Weltmeisterschaft.

In den ersten Runden des japanischen Grand Prix lag Schumacher vor Hill. Doch Hill fuhr einen hervorragenden Sieg heraus.

Vor dem italienischen Grand Prix in Monza hatte der Brite einen Rückstand von 21 Punkten auf Schumacher. Um seine Chancen optimal zu nutzen, mußte er nicht nur in Italien, sondern auch im portugiesischen Estoril gewinnen. Er konnte sich keinen Ausrutscher leisten.

In Monza holte Hill zu einem psychologischen Schlag aus, um seine Möglichkeiten auch innerhalb des Teams zu verbessern. Er bat darum, daß der erfahrene David Brown, bisher für Coulthards Wagen zuständig, sich von nun an um seinen Wagen kümmern sollte. Brown hatte zuvor schon mit Mansell, Prost und Senna zusammengearbeitet.

Frank Williams und Patrick Head erfüllten ihm den Wunsch. Gar nicht glücklich war verständlicherweise John Russell, der seit 1993 Damon Hills Boliden vorbereitet hatte und diesen Schritt nun als Mißtrauensvotum ansah. Hills Entscheidung war jedoch nachvollziehbar. Nun konnte er von Browns unendlicher Erfahrung profitieren.

Hinter den Williams-Kulissen sah man Hills Aktion gegen Russell nicht sonderlich positiv. Man warf ihm Egoismus vor in dem Moment, da der Titel in greifbare Nähe gerückt war.

Hill schlug sich in Monza und Estoril hervorragend, siegte in beiden Rennen, auch wenn Coulthard in beiden Rennen kurzfristig vor ihm fuhr. Hill überholte ihn aber problemlos.

Schumacher, der in Jerez beim europäischen Grand Prix wieder in das Geschehen eingriff, heizte die Atmosphäre auf, indem er Hill als zweitklassigen Gegner einordnete. Hill ging darüber hinweg, konnte aber in Jerez eine erneute Niederlage gegen seinen deutschen Rivalen nicht verhindern.

Hill stand neben dem Benetton auf dem zweiten Startplatz und ging in Führung. Während Frentzen in seinem Sauber an dritter Stelle liegend den Rest des Feldes blockierte, setzten sich die beiden WM-Rivalen ab. Doch Hills Chancen, das Rennen zu gewinnen, wurden an der Box verspielt.

Das war's. Georgie Hill nimmt ihren Mann nach dem Ende der europäischen Saison nach Hause.

Der Brite lag in Führung, als Schumacher seinen ersten von drei Stopps einlegte. Hill sollte, so war es geplant, nur zweimal zum Tanken und Reifenwechsel das Rennen unterbrechen. Das Team dachte jedoch, daß Hill mit zu wenig Sprit unterwegs war und holte ihn frühzeitig wieder zum Tanken an die Box. Erst später stellte sich heraus, daß die Tankanlage defekt war und 13 Liter Sprit unterschlug. Auf nachlassenden Reifen und mit zuviel Sprit im Tank hatte Hill keine Chance, Schumacher einzuholen. Pro Runde verlor der Brite 1,5 Sekunden auf den Kerpener.

Am Ende des Rennens hatte Schumacher einen Vorsprung von fünf Punkten auf Hill. Zwei Rennen, in Japan und Australien, standen noch auf dem Terminplan. In der Teamwertung hatte Williams die Führung ebenfalls an Benetton verloren, weil Mansell sich in Jerez von der Strecke gedreht hatte.

In Suzuka stellte Schumacher seinen Benetton wieder auf den ersten Startplatz. Beim Start herrschte furchtbares Wetter. Es regnete in Strömen, und schon nach acht Runden kam der Pacecar auf die Strecke. Hinter ihm reihten sich der führende Schumacher, Hill, Alesi im Ferrari und Mansell auf. Sechs Runden fuhren die Piloten hinter dem Honda her, doch als Martin Brundle sich von der Strecke drehte und dabei einen Streckenposten verletzte, wurde das Rennen unterbrochen.

Fünf Runden nach dem Neustart ging Schumacher an die Box und holte sich Sprit und neue Reifen. Hill und Williams setzten nun auf ihre Taktik, um das Rennen zu gewinnen. Damon fuhr nur einmal (in Runde 25) an die Box, während Schumachers Strategie zwei Stopps vorsah. Erst als der Kerpener nach zehn Runden zum zweiten Mal in den Boxen stand, ging Hill in Führung.

Damon Hill hatte einen Vorsprung von zwölf Sekunden, mußte aber noch eine besonders harte Prüfung bestehen. Die Bedingungen wurden immer schlechter und über Funk wurde ihm mitgeteilt, wie Schumacher sich immer näher heranarbeitete. Am Ende hatte der Brite noch einen Vorsprung von 3,3 Sekunden.

„Zum ersten Mal in dieser Saison ist Michael auf der Rennstrecke geschlagen worden", stellte ein sichtbar zufriedener

Hill nach dem Rennen fest. „Ich stand dieses Wochenende unter einem besonderen Druck und daher ist dieser Sieg für mich noch befriedigender als der in Silverstone."

Der Abstand der beiden Titelanwärter war nun wieder auf einen einzigen Punkt geschrumpft. Doch während Hill mit seiner Vorstellung in Japan zufrieden war, gab es mit dem Team wieder einige Verstimmungen. Der Vertrag für das nächste Jahr war noch nicht endgültig ausgearbeitet, und während des Trainings in Suzuka wurden einige deutliche Worte gewechselt.

Während des ersten Trainings hatte Hill diverse Probleme mit seinem Williams. Bei der Analyse der Telemetriedaten gerieten Hill und Head aneinander, was unter anderem auch an der Hinhaltetaktik des Teams gegenüber Hill lag.

Bei seiner Ankunft in Adelaide war Hill immer noch geladen und zeigte es auch. „Ich bin ziemlich sauer, was einige Dinge im Team angeht. Ich habe nicht das Gefühl, daß Williams mich im Kampf um die Weltmeisterschaft hundertprozentig unterstützt. Es geht auch um meinen Vertrag. Williams hat die Option eingelöst, doch ich glaube, daß ich inzwischen besser bin, als es die Zahlen in meinem Vertrag aussagen."

Am folgenden Tag nahm er seine Äußerungen etwas zurück.

Alte Gesichter, aber neue Nummern. Coulthard liegt vor Hill – wenigstens bei einer PR-Veranstaltung in Estoril. Damon Hill ging mit der Nummer fünf in die Saison 1995. Damit war Nigel Mansell 1992 Weltmeister geworden. Doch die Geschichte sollte sich nicht wiederholen.

Jean-Christophe Boullion wurde im Januar 1995 als Testfahrer bei Williams eingestellt.

Damon Hill und David Coulthard bestritten die Saison 1995 gemeinsam. Zum ersten Mal hatte Williams ein rein britisches Fahrerteam.

„Ich glaube, da ist etwas mehr gedruckt worden als ich tatsächlich gesagt habe."

Das Ende der Saison paßte irgendwie zu ihrem gesamten Verlauf. Nach einem harten Kampf um die Spitze machte Schumacher einen Fahrfehler, berührte in der 36. Runde eine Begrenzungsmauer und beschädigte dabei die Aufhängung seines Benetton.

Für Damon Hill stand das Tor zum Titel weit offen und ging ganz schnell wieder zu. Denn genau in dem Moment, als Hill auf der Innenseite in Führung gehen wollte, versuchte Schumacher, seinen defekten Benetton an die Box zu bringen. Die beiden Rennwagen kollidierten, Schumacher schied an Ort und Stelle aus, während Hill es noch an die Boxen schaffte, wo man den Schaden an der Aufhängung aber nicht beheben konnte. Schumacher hatte den Titel mit einem Punkt vor Hill gewonnen.

Der Brite ertrug die knappe Niederlage mit Fassung. „Ich habe ein leeres Gefühl, aber ich habe ihm wenigstens einen Kampf geliefert. Und er muß auch den Druck gefühlt haben, sonst hätte er den Fehler nicht gemacht. Ich hätte die Situation gerne besser genutzt, doch so ist der Motorsport nun einmal. Ich hatte nicht gesehen, daß er gegen die Mauer gefahren war. Ich sah nur, daß er einen Fehler gemacht haben mußte und wollte durch. Im Nachhinein hätte ich ihn weiterfahren lassen sollen."

Nigel Mansell siegte, und Michael Schumacher zeigte sich in der Stunde seines Triumphes von seiner diplomatischen Seite. Er widmete seinen Titel der Erinnerung Ayrton Sennas, nahm einige Bemerkungen über Damon Hill zurück und entschuldigte sich bei dem Briten.

„Ich lag da wohl etwas falsch. Er ist ein großartiger Rivale, und es tut mir leid, was ich gesagt habe."

Die FIA untersuchte die Kollision der beiden Rivalen und kam zu dem Schluß, daß kein Handlungsbedarf bestand. Damon Hill war während dieser Zeit ruhig und gelassen, was ihm auch in seinem Team half.

„Damon", so Frank Williams, „war eine Offenbarung." Frank gab später zu, wie überrascht er von der Vorstellung seiner

Nummer eins gewesen war. Vor dem Rennen hatte der Williams-Chef noch bezweifelt, daß sein Fahrer Schumacher gefährlich werden kann. Doch danach zeigte er jedem sein Erstaunen. In seiner Heimat wurde Hill von den BBC-Zuschauern zum Sportler des Jahres gewählt.

„Ich bin in die Saison gegangen, um Weltmeister zu werden", meinte Hill, nachdem er die Trophäe in Empfang genommen hatte. „Diese Auszeichnung wird mir helfen, dieses Ziel 1995 zu erreichen." Damon Hills Zurückhaltung hatte ihm viele Sympathien in einer Welt eingebracht, die ansonsten von Selbstdarstellern beherrscht wird.

Allerdings gab es da noch die Probleme mit seinem Vertrag. Hill fuhr noch immer unter Bedingungen, die noch aus seiner Zeit als Testfahrer stammten. Er hatte ein Grundgehalt von knapp 500 000 Pfund und kam mit allen anderen Einnahmen auf rund eine Million. Im Vergleich zu Mansell war das jedoch nur Kleingeld.

Auf der anderen Seite wäre Hill ohne Williams nie in die Formel 1 gekommen. 1992 war er froh gewesen, als er den Vertrag unterschreiben durfte. Schließlich erreichten die beiden Parteien kurz vor Weihnachten 1994 einen Kompromiß. Auch wenn es mitunter anders aussah, wollte Williams unbedingt seine Nummer eins behalten.

Hill hatte es geschafft. Er war in der ersten Liga des Motorsports angekommen. Wenn es noch eines letzten Beweises bedurft hätte, dann war es eine kleine Notiz, die ihm nach dem Rennen in Adelaide zugesteckt wurde. „Für uns Brasilianer ist Damon Hill der wahre Weltmeister 1994."

• KAPITEL SIEBEN •

Das Duell

Auf dem Papier schien die Sache klar: Williams hatte für die Saison 1995 die beste Technik zur Verfügung. Seit sechs Jahren arbeitete man schon mit Renault zusammen, und obwohl nun auch Benetton von den Franzosen mit Motoren beliefert wurde, gingen Damon Hill und David Coulthard zuversichtlich in die Saison, die mit dem Grand Prix von Brasilien beginnen sollte.

Damon hatte in den Monaten zwischen den Rennen viel Zeit mit der Suche nach einer Methode verbracht, wie man Michael Schumacher schlagen könnte. Der Brite hatte das Ende der Saison in Australien noch nicht ganz verarbeitet. Er wußte ganz genau, daß Schumacher die Formel 1 mehr als jeder andere Pilot auch als eine Psychokonkurrenz betrachtete. Für Damon Hill bedeutete dies, daß er sich nicht nur auf der Strecke mit seinem überlegenen FW17 dem Benetton Paroli bieten mußte, sondern sich auch auf einen psychologischen Kampf mit seinem deutschen Konkurrenten einstellen mußte.

In Interlagos, vor den Toren Sao Paulos, fanden die Piloten eine ziemlich holperige Strecke vor. Coulthard litt noch unter den Folgen einer Mandelentzündung, stellte den Williams aber trotzdem auf den dritten Startplatz hinter Hill und Schumacher. Hill hatte den Deutschen wenigstens im Training schon mal geschlagen.

Vor dem Start hatten Benetton und Williams ein gemeinsames Problem. Die FIA hatte vor der Saison bestimmt, daß die

TELE'S
KK
SCHUMACHER
CAMPEON
Rothmans
Rothmans
Rothmans

Links: *Beim spanischen Grand Prix 1995 ging Hill als Zweiter in die letzte Runde. Dann versagte die Hydraulik und er wurde nur Vierter.*

Teams vor den Rennen Proben des von ihnen verwendeten Benzins abliefern mußten. Die wurden dann beim Rennen mit dem tatsächlich verwendeten Sprit verglichen und da gab es bei Schumacher und Coulthard deutliche Abweichungen. Am Morgen vor dem Start wurde dies beiden Teams mitgeteilt, was bedeutete, daß, nachdem es für beide Teams eine einheitliche Versorgung von Elf gab, auch Hill betroffen war. Beide Teams verschwiegen ihren Piloten diese Entwicklungen, um sie nicht nervös zu machen.

Beim Start schoß Schumacher in Führung und hatte am Ende der ersten Runde einen Vorsprung von einer halben Sekunde auf Hill, von dem er sich aber nicht deutlich absetzen konnte und der auch den ersten Boxenstopp des Kerpeners nutzte, um aufzuschließen und Schumacher schließlich nach seinem eigenen Boxenstopp zu überholen.

In Führung liegend, baute Hill seinen Vorsprung aus und lag in der 30. Runde 3,4 Sekunden vor Schumacher. Doch dann zerstörten technische Probleme seine Chancen. „Am Ende der Haarnadelkurve verlor ich den zweiten Gang, dann blockierte plötzlich irgendetwas im Heck, und ich flog von der Piste.“ Damon Hill glaubte zuerst, das Opfer eines Getriebedefektes geworden zu sein, doch in Wahrheit war die linke hintere Aufhängung kollabiert.

Damit hatte Schumacher freie Bahn und fuhr einem leichten Sieg vor Coulthard entgegen. Nach der Siegerehrung wurden beide wegen der Sprit-Angelegenheit disqualifiziert und Gerhard Berger zum Sieger erklärt. Beide Teams legten Einspruch ein, dem später von der FIA stattgegeben wurde, und beide Fahrer (den Teams wurden sie gestrichen) bekamen die errungenen Punkte wieder.

Das zweite Rennen fand in Argentinien statt. Zum ersten Mal seit 1981 erlebte Buenos Aires wieder einen Auftritt der Formel 1. In den späten siebziger Jahren fand das Rennen stets im argentinischen Hochsommer im Januar statt. Nun war es zwar nicht heiß, dafür aber regnete es ausgiebig.

Hill siegte beim ungarischen Grand Prix 1995. Doch dieser Triumph änderte nicht viel an der Weltmeisterschaftsituation.

Hill und Schumacher baden David Coulthard in Champagner nach dessen erstem Sieg in Portugal.

Im Training setzte sich Coulthard hervorragend in Szene und erreichte die erste Pole Position seiner Laufbahn. Neben ihm stand Hill, dahinter Schumacher in seinem Benetton.

Coulthard hatte einen sehr guten Start und erreichte als Erster die erste Kurve. Hinter ihm richtete Alesi mit einem Dreher auf dem nassen Teil der Strecke ein wahres Massaker an, dem einige andere Piloten zum Opfer fielen. Das hatte einen Neustart zur Folge. Auch der gelang dem jungen Briten, hinter dem sich Schumacher einfädeln konnte. Hill lag an dritter Stelle.

Coulthards Freude über seine Führung dauerte aber nur fünf Runden, als er von einer defekten Elektrik auf den dritten Platz gebremst wurde. In der elften Runde schaffte es Hill, Schumacher auszubremsen, dessen erster Reifensatz erstaunlich schnell nachließ. Fünf Runden später wurde er auch von einem wieder erstarkten Coulthard überholt.

Danach verlor Hill seine Führung nur noch einmal kurz während eines Boxenstopps und hatte am Ende einen komfortablen Vorsprung vor dem Ferrari von Alesi und Schumacher, der seine Ambitionen allerdings mit der schnellsten Rennrunde unterstrichen hatte.

Der europäische Teil der Saison wurde mit dem Grand Prix von San Marino in Imola eröffnet. Die Piloten mußten einen ungeheuren mentalen Druck aushalten – schließlich hatte hier vor einem Jahr der legendäre Senna sein Leben verloren. Damon erreichte nur einen vierten Startplatz hinter Schumacher, Berger und Coulthard. Am Ende hieß der Sieger aber dennoch Hill, der dank einer taktischen Meisterleistung die Probleme seiner Konkurrenten nutzen konnte. Er hatte nun in der Weltmeisterschaftswertung 20 Punkte und lag damit sechs Zähler vor Alesi und Schumacher. Es sollte das einzige Mal in diesem Jahr sein, daß der Brite in Front lag.

Hill und Williams sollten in der Folgezeit unter einigen technischen Problemen leiden. Das begann mit einer neuen Reifenkonstruktion von Goodyear, die den Technikern Schwierigkeiten bereitete. Und dann waren da noch völlig unerwartete Hydraulik-Probleme, die Damon einige wichtige Punkte kosten sollten.

Rechts: *Hill und Villeneuve nach dem Williams-Doppelsieg in Argentinien.*

Schumacher dominierte den spanischen Grand Prix. Dennoch schien es bis kurz vor dem Ende, als könnte Hill seinen Punktevorsprung halten. Doch dann versagte in der letzten Runde die Hydraulik und anstatt des zweiten Platzes und sechs Punkten rettete er gerade noch den vierten Platz.

„Ich wollte den sechsten Gang einlegen, doch nichts tat sich. Irgendetwas stimmte nicht mit der Hydraulik, die auch das Getriebe steuert. Nun hätte ich die Runde auch im fünften Gang geschafft, doch die Hydraulik steuert auch die Drosselklappe, und so stellte auch der Motor seinen Dienst ein", erklärte Hill sein Mißgeschick.

Wenn Barcelona schon unter einem schlechten Stern stand, in Monaco wurde es nicht besser. Auch wenn Damon Hill das Rennen an der Cote d'Azur immer wieder als ganz normalen Grand Prix bezeichnete, so war doch klar, daß ihm dieses Rennen, wo sein Vater eine dominierende Rolle gespielt hatte, viel bedeutete.

Damon stellte den Williams auf die Pole Position, doch im Warm-up vor dem Rennen erreichte er nur die sechste Zeit. Der Wagen untersteuerte, was das Team zu einer falschen Taktik verleitete. Chefentwickler Adrian Newey: „Nach dem Warm-up gerieten wir in Panik, und daher entschlossen wir uns zu zwei Tankstopps. Wir dachten, daß die anderen Teams ebenfalls zweimal stoppen würden. Wir dachten, die Handlingprobleme seien durch den halbvollen Tank entstanden und vielleicht wäre er leichter besser unterwegs. Dabei lag das Problem im Differential."

Obwohl Hill vom Start weg in Führung lag, konnte er sich nie weit genug von Schumachers Benetton absetzen, der nur einen Stopp eingeplant hatte. Nach 20 Runden hatte er einen Vorsprung von drei Sekunden, weil ihn der untersteuernde Wagen in den engen Kurven immer wieder viel Zeit kostete. Als der Benetton schließlich vorne lag, hatte Hill keine Chancen mehr. Seine Stimmung war auf dem absoluten Tiefpunkt angelangt.

„Ich bin sehr enttäuscht, daß ich hier nicht gewonnen habe.

elf
elf
Rothmans
RACING
Rothmans
Rothmans
RACING
Rothmans
Rothmans
RACING
Rothmans
Black Tower
SANYO
Labatt
batt

Im Training war der Wagen sehr gut, konnte dieses Niveau aber nicht im Rennen halten. Ich wußte, das es schwierig werden würde, als ich Michael beim Start nicht weiter beeindrucken konnte." Als der FW17 demontiert war, stellte sich das Differential als Ursache heraus. Doch da war es zu spät. Schumacher hatte nun vor dem Grand Prix von Kanada einen Vorsprung von fünf Punkten.

Aus Damons Sicht war das Rennen in Montreal ein Ereignis, das man am besten so schnell wie möglich vergessen sollte. Nach dem Training stand er zwar neben Schumacher in der ersten Reihe, doch dann bremsten ihn Hydraulikprobleme, die schließlich zum Ausfall führten. Der Kerpener rettete trotz eines defekten Getriebes noch einen fünften Platz und vergrößerte seinen Vorsprung auf sieben Punkte. Das Rennen wurde von einem begeisterten Jean Alesi gewonnen, der seinen ersten Sieg in einem Grand Prix feiern konnte.

Neue Saison, erster Sieg. Vor seinem neuen Teamkollegen Jacques Villeneuve gelang Hill der Sieg in Melbourne beim ersten Rennen 1996.

Die nächsten drei Rennen sollten keine Besserung bringen. Sie waren vielmehr ein einziger Alptraum für den Briten. Nicht nur, daß er zusehen mußte, wie sich seine Titelchancen auflösten, er wurde auch das Ziel von Schumachers psychologischen Spitzen. Es begann eigentlich harmlos in Magny-Cours, wo die Williams-Taktik nicht aufging und Schumacher einen leichten Sieg holte.

In Silverstone freilich wurde die Auseinandersetzung der beiden Konkurrenten auf und neben der Piste härter. Damon hatte sich für die Pole Position qualifiziert und lag auch im ersten Teil des Rennens in Front. Alesi hielt Schumacher im Schach, der jedoch nur einen Boxenstopp eingeplant hatte. Hill sollte zweimal stoppen und kam nach dem zweiten Stopp, 20 Runden vor Schluß, nicht mehr richtig in das Rennen zurück.

In Runde 46 entschloß sich Hill zu einem umstrittenen Manöver, als er Schumacher in der Priory-Rechtskurve überholen wollte. Hill vertraute vielleicht darauf, daß der Kerpener zurückstecken würde, was der freilich nicht tat – es gab auch keinen Grund dafür -, und so flogen beide von der Strecke. Während Hill die ganze Sache als normalen Unfall herunterspielte, nutzte Schumacher die Gelegenheit, seinen Konkurrenten in der Öffentlichkeit zu kritisieren: „Was Damon da gemacht hat, war völlig unnötig. Es gab an dieser Stelle keinen Platz, und ich sehe auch keinen Sinn darin, solche Dinge zu machen, auch nicht vor dem heimischen Publikum. Man muß seine Nerven im Zaum halten und nicht zur Gefahr werden. Es war mehr oder weniger wie in Adelaide, als er versuchte, innen vorbeizugehen, wo kein Platz war. Ich kann das alles nicht verstehen, aber Damon stand offensichtlich unter zu großem Druck und hat deshalb Dinge gemacht, die nicht funktionieren konnten."

Viele Beobachter hielten den Vergleich mit Adelaide für etwas gewagt, doch nachdem auch Frank Williams seine Nummer eins als „Trottel" bezeichnet hatte, konnte Schumacher offensichtlich nicht der Versuchung widerstehen, in die gleiche Kerbe zu hauen.

Damon hatte aber auch Grund zum Feiern. In der Woche nach Silverstone kam sein drittes Kind, seine erste Tochter Tabitha

HILL
25·0
ALESI
L12

Links: *Zwölf Runden vor dem Ende des brasilianischen Grand Prix wird Damon Hill mitgeteilt, daß er eine sichere Führung vor Alesi hat.*

auf die Welt. Doch nach diesem Lichtblick wurde es in Hockenheim (wo sonst?) wieder dunkel, als er sich in Führung liegend anfangs der zweiten Runde von der Piste drehte.

In Ungarn tat er wieder etwas für sein Selbstbewußtsein, indem er in der Puszta zu einem überzeugenden Sieg fuhr. Nach dem Rennen in Spa, wo Schumacher einen seiner überzeugendsten Siege errang, wurde der Kerpener für ein Rennen auf Bewährung gesperrt, weil er dem Briten in der Endphase des Rennens zu nahe gekommen war. In Monza schob Damon Hill den Deutschen von der Piste. Schumacher verbreitete nicht gerade freundliche Worte über Hill, für den es in Portugal noch schlimmer kommen sollte. In Estoril mußte er hilflos mit ansehen, wie sein Kollege Coulthard vor Schumacher gewann. Mit seinem Ausfall auf dem Nürburgring lieferte er dem Kerpener noch zusätzliche Munition.

Vor dem Grand Prix im japanischen Aida, wo Schumacher seinen zweiten WM-Titel gewinnen sollte, meinte er über seinen britischen Konkurrenten: „Damon's größtes Problem scheint darin zu bestehen, daß er die Kontrolle bei Überholmanövern verliert. Er macht halbherzige Versuche, die ihm immer wieder Ärger einbringen."

Im Rennen fuhr Hill, wenigstens im ersten Teil, sehr defensiv, was Schumacher absolut nicht gefiel. Damon hatte sich vor dem Rennen jedoch genau bei der FIA informiert und konterte: „Wir können jetzt fahren wie wir wollen, solange es nicht vorsätzlich gefährlich ist. Er hat keinen Grund, sich zu beschweren. Aber offensichtlich gibt es Regeln für ihn und für den Rest."

Der dritte Platz in Aida war schon enttäuschend, doch eine Woche später in Suzuka sollte es noch schlimmer kommen, als er sich von der Strecke drehte. Im Team machte sich wieder einmal ein gewisser Vertrauensschwund breit.

Direkt nach dem Rennen brach er erst einmal zu Ferien nach Bali auf, von wo ein völlig veränderter Damon Hill zurückkehren sollte. Sogar sein Teamchef Frank Williams war beeindruckt.

Rechts: *Damon Hill und Monaco – eine Haßliebe. Im Rennen schien er einem souveränen Sieg entgegenzufahren, als plötzlich der Motor explodierte.*

Im Rückblick läßt sich heute sagen, daß Hills Vorbereitung auf die Saison 1996 bereits mit dem letzten Rennen 1995 in Adelaide begonnen hatte. Mit sichtbarer Motivation fuhr er seinen Sieg heraus, wobei er mehr als dieses Rennen im Kopf hatte. Teamkollege Coulthard hatte bei McLaren unterschrieben und das zweite Williams-Cockpit war Jacques Villeneuve versprochen worden. Der Sohn des ehemaligen Formel-1-Stars war gerade Indycar-Champion geworden.

Dem Kanadier eilte ein hervorragender Ruf voraus. Mitte August hatte er zum ersten Mal in einem Williams gesessen und die ersten Runden gedreht. Er unterschrieb wenig später einen Zweijahresvertrag und kehrte danach in die USA zurück, um sich den Indycar-Titel zu sichern. Danach kehrte er wieder nach Europa zurück und fuhr insgesamt 9500 Testkilometer. In der Geschichte der Formel 1 hatte es keinen besser vorbereiteten Neuling gegeben.

Hill verbrachte den Winter damit, sich der Formel 1 auf eine ganz neue Art und Weise zu nähern. Bei Williams entstand während dieser Zeit der FW18, der die Vorteile des Vorgängers FW17B mit den neuen Vorschriften kombinieren sollte.

Ein entspannt wirkender Hill nach den letzten Testfahrten in Estoril über seine Aussichten: „Ich bin jetzt nach den Lehren der vergangenen Saison wesentlich entspannter und fühle mich auch besser vorbereitet. Ich glaube, es ist falsch, seine Hoffnungen zu früh zu hoch zu hängen. Es gibt zu viele unvorhergesehene Dinge, die während einer Saison passieren können. Auch nach den ersten vier oder fünf Rennen kann man noch nicht sagen, wie der Rest des Jahres verlaufen wird."

Hill hatte sich nicht nur mental auf die neue Saison vorbereitet, auch seine körperliche Vorbereitung hatte er völlig umgestellt und war besser denn je in Form, als er in Australien zum ersten Rennen ins Cockpit stieg.

Erwin Göllaer heißt der Mann, dem Hill seine neue Stärke zu verdanken hat. Der Brite baute sogar in seinem Haus ein Fitneßcenter ein, um sich jederzeit quälen zu können. Unter an-

LOEWS MONTE CARLO
Rothmans
RENAULT
elf
5
GOODYEAR
SANYO
othmans

derem kann er an einem Gerät die Belastungen von 4 G simulieren und so seine Halsmuskeln stärken. Außerdem überprüfte er sein Image und fand heraus, daß er aufhören mußte, seine Gegenwart in der Formel 1 immer wieder gegenüber Zeitgenossen zu verteidigen, die seine guten Ergebnisse stets auf den Wagen zurückführten.

Die Saison 1996 begann da, wo die vergangene aufgehört hatte: in Australien. Nur war der Grand Prix von den Straßen Adelaides in den Albert Park nach Melbourne umgezogen. Dort hatte Villeneuve einen Auftakt nach Maß, holte die Pole Position und lag lange Zeit in Führung, bis eine Ölleitung brach und den Wagen des folgenden Hill mit einem leichten Film überzog. Infolge des Defekts mußte der Kanadier den Fuß vom Gas nehmen, und der Brite fuhr seinem ersten Sieg entgegen.

In der Pressekonferenz verwies Hill darauf, daß seit 1990 die Sieger des ersten Grand Prix auch Weltmeister geworden sind und er an dieser Tradition festhalten wolle. Das zweite und das dritte Rennen fanden in Südamerika in Brasilien bzw. Argentinien statt. In Interlagos siegte Hill in einer Regenschlacht und bewies sein Talent, im Regen zu fahren. Trotz einer Magenverstimmung siegte er auch eine Woche später in Buenos Aires. Nun hatte er einschließlich des Sieges in Adelaide 1995 viermal hintereinander gewonnen. Mit dieser Serie ging es zum Nürburgring, wo der Grand Prix von Europa auf dem Programm stand.

Dort brach seine Erfolgsserie. Nach einem schwachen Start und einem außerplanmäßigen Boxenstopp fiel er zunächst auf den zwölften Platz zurück. Am Ende erreichte er noch einen vierten Platz. Das Rennen gewann Jacques Villeneuve vor Michael Schumacher, der andeutete, daß er seinen Ferrari schneller als erwartet in den Griff bekommen hatte.

Während der gesamten Saison 1995 mußte sich Williams mit Vorwürfen einer verfehlten Taktik auseinandersetzen. Doch beim Grand Prix in Imola 1996 zeigte das Team, was es von Taktik verstand. Hill blieb vor seinem ersten Tankstopp zehn Runden länger draußen, so daß er einen fast uneinholbaren Vorsprung hatte und so auch noch gefahrlos einen späten Stopp, elf Runden vor Schluß, einlegen konnte.

Das Duell mit Schumacher stand auch 1996 im Mittelpunkt, und da war es schon eine besondere Genugtuung, als der Deutsche in Monaco nach einem seltenen Fahrfehler nach wenigen Metern seinen Ferrari abstellen mußte. Damon Hill lag uneinholbar in Front, als er das Opfer eines ebenfalls sehr seltenen Motorplatzers wurde. Das Rennen an der Cote d'Azur stand wieder einmal für den Sohn des fünffachen Siegers unter einem schlechten Stern. In Spanien, zwei Wochen später, zeigte sich Barcelona von seiner nassen Seite. Es goß in Strömen, als sich die Wagen in Bewegung setzten. Doch dies war das Rennen des Michael Schumacher, der eine Vorstellung ablieferte, die alle Beobachter an Ayrton Senna denken ließ. In überzeugender Manier holte sich der Deutsche den ersten Sieg mit dem Ferrari, während Hill eifrig am „Drehbuch" seines Rennens schrieb und den Wagen schließlich vor den Boxen nach einem weiteren Dreher abstellen mußte.

Damon Hill hatte zweimal hintereinander keine Punkte kassiert, und in den Boxen ging wieder das Wort von dem mental nicht belastbaren Piloten um. Doch in Kanada zeigte er seinen Kritikern, daß er nach wie vor den Titel haben wollte. Überzeugend siegte er vor dem Lokalmatador Villeneuve. Schumacher schied mit einem unfahrbaren Ferrari, der zu allem Unglück auch noch eine Antriebswelle verlor, aus.

Während Schumacher von seinem Ferrari immer wieder gestoppt wurde, stellte sich der Neuling aus Kanada im Williams-Team als ernstzunehmender Konkurrent für den WM-Titel heraus. Nachdem sich selbst Experten wie Bernie Ecclestone von Jacques Villeneuve enttäuscht gezeigt hatten, antwortete der auf seine Weise und begann rasant damit, Punkt für Punkt zu sammeln.

Der Sieg in Montreal machte Hill endgültig zum unumstrittenen Titelfavoriten. So ging es zum französischen Grand Prix in Magny-Cours. Dort sorgten die beiden Williams-Piloten unfreiwillig für die spektakulären Einlagen im Training. Hill kollidierte zunächst mit Heinz-Harald Frentzen, entschuldigte sich sofort bei dem Deutschen, „sorry, ich habe Dich einfach übersehen". Und dann raste Jacques Villeneuve nach der Estoril-Kurve in die Betonmauer. Hill stand neben Michael Schumacher auf dem zweiten Startplatz. Allerdings sollte es Schumacher nicht zum Start schaffen. Sein Motor explodierte noch auf der Aufwärmrunde. Damit war die Spannung schon aus dem Rennen gewichen. Das Ergebnis spiegelte die Überlegenheit der Williams wieder. Hill siegte vor Villeneuve. Wer zweifelte jetzt noch an seinen Chancen.

Der britische Grand Prix in Silverstone stand als nächstes Rennen auf dem Programm. Nach dem Training sah alles nach einem wenig aufregenden Rennen aus. Hill auf der Pole, neben ihm Villeneuve - die Übermacht von Williams war beängstigend. Doch beim Start ist Hill einen Moment lang unaufmerksam und fällt auf den fünften Platz zurück. An der Spitze zieht Villeneuve unwiderstehlich seine Runden. In der 27. Runde liegt er auf dem vierten Platz, doch dann dreht sich Hill von der Strecke. Was auf den ersten Blick wie ein Fahrfehler aussieht, war tatsächlich ein Aufhängungsdefekt. Villeneuve fuhr als Sieger über die Ziellinie. Hills Ausfall in Silverstone machte die Weltmeisterschaft noch einmal spannend. Jacques Villeneuve kam immer besser in Form und dem Briten in der Punktetabelle immer näher. Hills Nervenkostüm wurde außerdem durch Spekulationen, daß er 1997 von Heinz-Harald Frentzen abgelöst werden sollte, erschüttert. Offensichtlich hatte Hill seinen Arbeitgeber Frank Williams mit einer allzu hohen Gehaltsforderung schockiert. Training und Rennen verliefen nach dem gängigen Muster: Damon Hill stand auf der Pole Position, um nach dem Start auf den dritten Rang hinter Alesi zurückzufallen. Vorne zieht Gerhard Berger seine Kreise. Zwei Runden vor Schluß steckt Hill fast schon im Getriebe des Österreichers, als dessen Renault-Motor explodiert und den Briten zum Sieger vor Alesi und Villeneuve macht. In der Weltmeisterschaftswertung hat Hill nun 73, Villeneuve 52 Punkte. Seit einiger Zeit wird Hill von seinem Anwalt zu den Rennen begleitet. Es könnte ja sein, daß man sich doch noch mit Frank Williams einigt. Jedenfalls steht auch beim Grand Prix von Ungarn noch nicht fest, wer neben Jacques Villeneuve im zweiten Williams-Cockpit sitzen wird. Das Training beendet er hinter Michael Schumacher als Zweiter, zeigt aber wieder seine Startprobleme und muß sich, während Villeneuve führt, durchs

Feld kämpfen. Am Ende fährt er als Zweiter, 0,7 Sekunden hinter dem Kanadier, der seinen dritten Grand Prix gewinnt, über die Ziellinie. Der ansonsten zurückhaltende Hill macht danach seinem Team große Vorwürfe. Entgegen der Absprache habe man ihn zu einem dritten Stopp an die Boxen geholt. „Nach seinem schlechten Start, war der dritte Stopp unumgänglich", konterte Frank Williams. Der Punktevorsprung war nach Ungarn auf 17 Zähler geschmolzen.

Nun lag Spa-Francorchamps vor ihm, der Große Preis von Belgien. Keine einfache Strecke, keine einfache Situation: Die Abstimmung seines Williams-Renault mußte auf den Punkt stimmen, nur so konnte man den Traditionskurs in den Ardennen mit vollem Risiko angreifen. Stimmte das Fahrwerks-Set-up nicht, hatte man in der berühmt-berüchtigten „Eau Rouge"-Senke, und nicht nur hier, alle Hände voll zu tun, nicht vehement abzufliegen – auf einer Strecke, deren Sturzräume an manchen Stellen nicht eben üppig zu nennen waren.

Hinzu kam, daß Teamkollege Jacques Villeneuve, voll motiviert, auch in Spa keine Geschenke machen würde, obwohl er noch nie hier gestartet war.

Und das Training ließ sich nicht gut an – Verunsicherung. Damon fuhr in Belgien ausschließlich mit seinem Ersatzwagen, der sich auf der Strecke besser anfühlte als sein eigentlicher Einsatzwagen. Trotzdem drehte er sich, es war keine optimale Einstellung zu finden. Natürlich trug ihn der Williams stets an die vordersten Positionen der diversen Trainingssitzungen, souverän aber war Damons Vorstellung nicht, eher verkrampft. Im samstäglichen Abschlußtraining schnappte ihm zu allem Unglück ausgerechnet noch Jacques Villeneuve die Pole Position weg – das zweite Mal in dieser Saison.

Hill mußte nun auf der ungünstigeren Seite der Start- und Zielgeraden Aufstellung nehmen. Kein gutes Omen bei seiner Startschwäche! Und richtig: Beim Fallen der karierten Flagge kam er nicht optimal weg und ordnete sich hinter der „La Source"-Spitzkehre als vierter ein. Während vorne Villeneuve und Schumacher ihre eigene Show machten, kämpfte Hill mit Mika Häkkinen im McLaren-Mercedes, hatte aber keine Überholchance.

Das Unglück begann erst recht bei einer Pace-Car-Phase, als Damon sich vor der Boxeneinfahrt verbremste und unfreiwillig unter „Gelb“ eine weitere Runde drehen mußte, bevor er zum ersten Stopp hereinkommen konnte. Dieses Manöver warf ihn auf den 13. Platz zurück, von dem er sich bis zum Ende des Rennens mit gewaltigem Einsatz wieder auf Rang 5 hinter Jean Alesi vorarbeiten konnte. So hatte er wenigstens noch zwei WM-Punkte ergattern können. Ironie am Rande: Er konnte seinem Dauerrivalen der vergangenen Jahre, Michael Schumacher, auf Knien danken, daß er und nicht sein Teamkollege Jacques Villeneuve den belgischen GP gewonnen hatte. Aber auch so war der Vorsprung in der WM-Wertung vor dem jungen Franko-Kanadier wieder geschrumpft.

Es schien, als sollte die unendliche Geschichte „Damon Hill und die Formel-1-Fahrerweltmeisterschaft“ für den Briten noch mehr Folterqualen bereithalten. Konnte er sich nun beim italienischen Grand Prix in Monza endlich den Titel sichern? Das Schicksal jedenfalls machte es ihm auch im Jahre 1996 nicht leicht.